월호 스님의
천수경 강의

AvalokiteSvara

월호 스님의

천수경 강의

아발로키테슈와라, 당신은 나의 연인

운주사

월호月瑚
동국대 선학과에서 박사학위를 받고 쌍계사 고산큰스님 문하로 출가하였다. 쌍계사 강원을 졸업하고 제방선원에서 정진하였으며, 고산큰스님으로부터 강맥을 전수받았다.
쌍계사 승가대학 학장을 역임하였으며, 현재는 서울과 이천의 행불선원 선원장으로 대중교육과 수행지도에 힘쓰고 있다.
저서로 『월호 스님의 십우도 강설』, 『화엄경 약찬게 강설』, 『리셋, 크고 밝고 둥글게』, 『문 안의 수행 문 밖의 수행』, 『할! 바람도 없는데 물결이 일어났도다』, 『당신이 주인공입니다』 등 다수가 있다.

월호 스님의 천수경 강의

개정판 1쇄 발행 2012년 2월 7일 | **개정판 3쇄 발행** 2021년 10월 26일
지은이 월호 | **펴낸이** 김시열
펴낸곳 도서출판 운주사
(02832) 서울시 성북구 동소문로 67-1 성심빌딩 3층
전화 (02) 926-8361 | **팩스** 0505-115-8361
ISBN 978-89-5746-299-7 03220 값 10,000원
http://cafe.daum.net/unjubooks 〈다음카페: 도서출판 운주사〉

글머리에

불교는 '자각신앙自覺信仰'입니다. 스스로 깨달아 부처가 되는 것을 목표로 하고 있으며, 그래서 '불교佛教'입니다. 이것은 여타 종교에서 신앙의 목표로서 충실한 신의 '종' 혹은 '어린 양'이 되고자 하는 것과는 확실히 다른 불교만의 특색입니다.

하지만 자각신앙이 곧 그대로 자력신앙自力信仰은 아니라는 점에 유의해야 합니다. 자각이란 잠에서 깨어나는 것입니다. 그런데 잠에서 깨어나는 것도 두 가지 경우가 있습니다. 스스로 깨어날 수도 있고, 남이 깨워주어서 깨어날 수도 있습니다. 어쨌든 깨어나는 것이 중요합니다. 일찍이 등소평은 "검은 고양이든 흰 고양이든 쥐만 잡으면 된다."는 말을 했습니다. 이 표현을 불교에 대입하면 다음과 같습니다.

"자력이든 타력이든 자각에만 이르면 된다."

예컨대 참선수행의 경우는 자력적 경향이 강합니다. '마음이 곧 부처'라는 표현에서 알 수 있듯이 일체 외부에서 찾는 것을 배격합니다. 스스로의 본성을 돌이켜보고 스스로 부처됨을 강조할 뿐입니다. 반면에 관음신앙의 경우는 타력적 경향이 강합니다. 오직 '관세음보살'에게 귀의하고 관세음보살을 염念하는 힘으로 세간의 모든 고통에서 벗어나 열반의 세계에 이를 수 있다고 설하고 있습니다.

이러한 관음신앙의 대표적 경전이 바로 천수경千手經입니다. 천 개나 되는 손과 천 개나 되는 눈으로 온갖 생명을 보살펴주시는 어머니같은 분이 바로 아발로키테슈와라—관세음보살인 것입니다.

이러한 대자대비 관세음보살과 손쉽게 만날 수 있는 비결은, 바로 내가 관세음보살과 같은 마음을 연습하는 것에 있습니다. 관세음보살에게 바라듯이 모든 생명을 대할 수 있다면, 그 자리에서 관세음보살의 가피를 체험할 수 있습니다. 궁극적으로는 자自와 타他가 둘이 아니기 때문입니다.

결국 천수경은 관세음보살의 노래이자 관세음보살을 만나는 노래라고 할 수 있습니다. 한국불교에서 가장 많이 독송되고 있는 경전이지요. 하지만 많은 불자님들이 아침・저녁으로 지송하면서도 대부분 그 정확한 의미를 잘 모르고 있습니다. 특히 「신묘장구대다라니」 부분은 풀이를 금하는 경우까지 있어서 전혀 뜻을 모르고 지송하고 있지요.

예컨대 팝송을 번역해서 부르면 원곡의 곡조와 의미를 살리기 어렵습니다. 그래서 가급적이면 원래의 언어로 부르는 것이 좋겠지요. 하지만 그 의미를 알고 부르는 것과 의미를 전혀 모르고 부르는 경우, 어떤 쪽이 나을까요?

이 책의 내용은 본래 불교방송 「당신이 주인공입니다」의 특집으로 방송된 것입니다. 불교방송에서 먼저 CD로 제작이 되었으며, 그 CD를 풀어 책으로 선보이게 된 것입니다. 불교방송 최윤희 PD와 권병훈 팀장의 노고가 없었다면 세상에 출현할 수 없었겠지요. 또한 쉽지 않은 녹취작업을 흔쾌히 맡아 책으로 엮어준 도서출판 운주사에도 감사드립니다.

영원한 나의 연인 아발로키테슈와라의 가피가 충만함을 굳게 믿으며, 경전교실 행불아카데미에서 함께 공부하는 모든 이들이 어려움에서 벗어나 건강하고 행복하기를!

부처님 감사합니다. 법륜을 굴리겠습니다. 행불하겠습니다.

마하반야바라밀

지리산 국사암 염화실에서

월호 화남

글머리에 5

1. 다라니를 열기를 청함

1) 천수경 독송의 이유와 목적 11
2) 경전을 지송하는 마음가짐 15
3) 다라니 열기를 청함 29
4) 다라니 지송을 위한 서원 46
5) 관세음보살 칭명 73

2. 신묘장구대다라니

1) 자비의 화신, 관세음보살 86
2) 33응신 관세음보살 93
3) 풍요와 생명의 수호신, 관세음보살 102
4) 청정해탈의 관세음보살 111
5) 창조의 어머니, 관세음보살 119
6) 위대한 성취자, 관세음보살 127
7) 연꽃을 든 님, 관세음보살 137
8) 우주의 소리, 관세음보살 147

3. 참회와 발원

1) 참회① 157

2) 참회② 173

3) 준제진언 193

4) 발원 209

부록: 천수경 234

1. 다라니를 열기를 청함

1) 천수경 독송의 이유와 목적

여러분 반갑습니다. 쌍계사 승가대학의 월호입니다. 관세음보살님의 가피가 흠뻑 담긴 천수경을 함께 공부하게 되어서 정말 기쁩니다.

보통 조석으로 천수경을 많이 독송하시고, 특히 신묘장구대다라니를 열심히 하는 분들이 많습니다. 그렇다면 우리가 왜 천수경을 이렇게 열심히 하게 됐을까요? 천수경 독송의 의의와 목적, 이것은 바로 "천수경"이라는 제목에 잘 나타나 있습니다.

천수千手는 천 개의 손이라는 뜻이죠. 관세음보살님을 뜻하는 말입니다. 관세음보살님은 천 개의 손과 천 개의 눈을 가지고 우리 중생들을 보살펴 주신다고 합니다. 손이 천 개, 눈이 천 개의 일천 천千자는 사실은 꼭 '천'이라는 뜻이 아니라 그만큼 무수한, 수많은, 어마어마한 수의 그런 손으로서 우리 중생들을 보듬어주시고, 그런 눈으로서 우리 중생들을 지켜봐 주신다고 하는 것이죠. 그래서 내가 지금 이 자리에서 천수경을 독송할 때 "관세음보살님께서 바로 이 앞에서 나를 천안으로 지켜봐주시고 천수로서 나를 보듬어주신다, 쓰다듬어주시고 이끌어주신다." 이런 의미를 지니고 있는 것입니다. 쉽게 말하자면 불교의 여러 경전들 중에서 타력 신앙의 전형을 보여주는 것이죠.

불교는 자각 신앙自覺信仰의 종교입니다. 스스로가 깨닫는 것이죠. 이것은 아무도 내 대신 밥 먹어 주고 내 대신 잠자줄 수 없는 것과 같이 내 대신 깨달아줄 수는 없다고 하는 것입니다. 그러나 자각 신앙이라고 해서 자력自力만을 생각한다면 그것은 또 오해입니다. 검은 고양이든 흰 고양이든 쥐만 잡으면 되듯이, 자력이든 타력他力이든 자각에만 이르면 되는 것입니다. 그래서 오히려 대승불교에서 타력신앙이 많이 발달하게 되는 것이죠. 즉 불보살님의 원력의 힘을 얻어서 "나도 어서 마음자리를 깨닫고, 또 나뿐 아니라 다른 모든 사람들에게 이타행을 하는 것이 중요하다." 이게 바로 대승불교의 보살사상이라고 하는 것이죠.

관세음보살님의 가피를 입기 위해서는 사실 자신이 관세음보살님과 같은 마음가짐이 되어야 합니다. 왜냐? 같은 주파수가 되어야 하기 때문이죠. 즉 내가 중생들에게 자비심을 일으킬 때 나도 관세음보살님께 자비를 입는 것입니다.

부처님의 삼신불三身佛, 즉 법신불・보신불・화신불 중에서 관세음보살님은 보신불 자리에 계신 부처님인데, 때론 화신불로도 시현하시고 때로는 법신불로도 시현하실 수 있는, 중생 구제를 위해서는 서른세 가지 몸을 나투어서 어떤 방법으로든 구제를 해주시는 그런 분이라고 알면 되겠습니다.

천수경은 원래 중간에 들어 있는 신묘장구대다라니가 가장 핵심 부분이고, 그 앞뒤는 신묘장구대다라니를 독송하기 전에 하는 원願이라든가 참회・발원, 이런 부분으로 구성되어 있습니다. 본래 천수경은 제목이 다소 깁니다. "천수천안관자재보살광대원만무애대비심대다라니경"으로, "이 대다라니경을 모태로 해서 다시 또 우리나라에서 앞뒤로 편집이 되어서 만들어진 경전이다." 이렇게 알면 되겠습니다.

본래 대다라니경에 보면 천수경의 신묘장구대다라니를 왜 지송해야 하는지 그 이유가 나옵니다. 모든 중생에게 안락을 얻게 하기 위하여, 일체의 질병을 제거하기 위하여, 수명을 보존하기 위하여, 풍요를 얻게 하기 위하여, 일체의 악업을 소멸하기 위하여 …… 이런 식으로 "현재의 삶에서 일체 소원하는 바의 결과를 얻지 못하면 신묘장구대다라니라고 할 수 없습니다."라고 할 정도로, 한 마디로 모든 재앙은 소멸하고 소원은 성취하게 하기 위해서 신묘장구대다라니를 외운다고 관세음보살님께서 직접 말씀을 하고 계십니다.

살아가면서 항상 모든 일이 잘 되기만 하고, 건강하고, 이런 것만은 아니죠? 살아가다 보면 생로병사의 고통, 또는 구하는 것을 이루지 못하는 일들이 있는데, 그럴 때 관세음보살님의 가피력에 힘입어서 훨씬 더 나은 신행생활을 할 수 있다는 것입니다. 가피라는 것은 말 그대로 '더할 가加, 입을 피被' 해서 '더함을 입는다'는 뜻입니다. 나는 전혀 노력도 안 하면서 그냥 처음부터 끝까지 "해주세요" 하고 구걸하는 것이 아니라, "저도 관세음보살님처럼 자비심을 일으키도록 하겠습니다. 지켜봐주시고 도와주십시오. 더함을 입혀주십시오." 이런 의미가 되겠습니다. 이것이 바로 천수경을 독송하는 마음가짐이 된다고 말할 수 있겠습니다.

천수경을 앞부분부터 독송을 하면서 그 의미를 풀어보도록 하겠습니다.

2) 경전을 지송하는 마음가짐

정구업진언

수리수리 마하수리 수수리 사바하

수리수리 마하수리 수수리 사바하

수리수리 마하수리 수수리 사바하

오방내외안위제신진언

나무 사만다 못다남 옴 도로도로 지미 사바하

나무 사만다 못다남 옴 도로도로 지미 사바하

나무 사만다 못다남 옴 도로도로 지미 사바하

개경게

무상심심미묘법 백천만겁난조우

아금문견득수지 원해여래진실의

개법장진언

옴 아라남 아라다

옴 아라남 아라다

옴 아라남 아라다

여기까지가 모든 경전을 외울 때 하는, 처음 경전을 여는 게송들이라고 할 수 있습니다.

먼저 구업口業을 맑히는 진언—정구업진언—부터 시작해서 그 다음에 다섯 방향과 안팎의 모든 신을 편안하게 위로하는 진언—오방내외안위제신진언—, 이렇게 두 진언을 하고 그 다음에 개경게—경을 여는 게송—, 또 개법장진언—법장을 여는 진언—, 이런 순서를 먼저 진행하고 나서 경전을 독송하게 되겠습니다.

첫 번째는 **정구업진언淨口業眞言**입니다. 경전을 독송하기에 앞서서 "입을 맑힌다. 입으로 지은 업을 맑히는 진언이다." 이런 뜻이 되겠습니다. 보통 우리가 어른들을 만나거나 모임이 있거나 다른 사람들을 만날 때 양치를 하는 등 입을 깨끗이 하고 사람들과 만나서 대화를 하는 게 기본적인 예의인 것처럼, 우리가 부처님의 경전을 독송하는 데 있어서 그동안 입으로 지은 업을 맑히는 진언을 한다는 것은 기본적인 순서가 된다고 하겠습니다. 여기서 구업이라는 것은 입으로 지은 업을 말합니다.

업業에는 세 가지 업이 있습니다. 신身·구口·의意 삼업이라고 하죠. 몸으로 지은 업, 입으로 지은 업, 뜻으로 지은 업, 이렇게 신·구·의 삼업을 얘기하는데 그 중에서도 입으로 지은 업이 중간에 놓여 있으면서 가장 큰 영향력을 끼치고 있습니다. 보통 몸으로 지은 업은 세 가지로 살생・투도・사음이고, 그 다음에 입으로 지은 업은 네 가지로 악구・양설・망어・기어, 뜻으로 지은 업은 세 가지로 탐・진・치 이렇게 됩니다.

앞에서 구업이라고 하는 것은 중간에 위치하고 있으면서 몸과 뜻에 굉장히 지대한 영향을 준다고 하였죠. 그래서 입으로, 말 한 마디로 사람을 살렸다 죽였다 하고, 말 한 마디로 천냥 빚을 갚을 수도 있고, 말 한 마디로 철천지 원수지간이 될 수도 있고 이런 것이죠.

일본에서 10위 안으로 세금을 많이 내는 부자가, 부자가 되는 비결을 가르쳐 줬습니다. 부자가 되는 비결은 무엇이냐? 간단합니다. "나는 억세게 재수 좋은 사람이다." 이 말을 하루에 천 번씩 백일만 하게 되면 진짜로 재수가 좋아진다는 말을 했습니다. 이런 것이 바로 진언의 효과라고 하는 거지요.

똑같은 말을 계속 되풀이 반복을 하다 보면 몸과 뜻에 엄청난 영향을 주게 됩니다. 그러면 그 말이 사실이 되어 버리는 것입니다. 말로써 존재했던 것이 몸과 생각, 뜻에 계속 반복되어지면 '아, 진짜 나는 억세게 재수 좋은 사람이야.' 이렇게 생각하게 되고, 그러다 보면 매사를 긍정적으로 생각하고, 그러다 보면 긍정적인 일들이 실제로 벌어진다고 하는 것이죠.

그래서 "구업, 입으로 지은 업이야말로 신·구·의 삼업 가운데서도 중간에 있으면서 가장 결정적인 영향을 끼친다." 이런 말입니다.

진언眞言이라는 것은 진실한 말이라는 뜻이 되겠습니다. 진실한 말, 참된 말씀은 무엇인가? 말이 현실화되는 것, 이것이 참된 말씀인 것입니다. 똑같은 말을 계속 반복해서 할 때, 그것이 나의 현실에 큰 영향을 끼칠 때, 그것이 그대로 진언이 되어 버리는 거죠. "나는 억세게 재수 좋은 사람이다, 나는 억세게 재수 좋은 사람이다, 나는 억세게 재수 좋은 사람이다." 이렇게 하루에 천 번씩 백일기도 한다 생각하고 백일간만 한번 해보십시오. 그러면 진짜로 억세게 재수 좋은 사람이 된다고 하는 것이죠.

이제 진언 내용을 보면, **"수리수리 마하수리 수수리 사바하"** 이렇게 세 번을 반복하게 합니다. 이것은 세 번이 아니라 천 번, 만 번을 반복해도 좋은 거지만 기본적으로 세 번을 반복하게 합니다. 왜냐? 불법승 삼보이기 때문에. 삼신불三身佛, 삼보三寶, 이렇게 3이라는 숫자는 상당히 상징적인 숫자입니다. 그래서 기본적으로 세 번을 반복하게 되는데, "수리수리 마하수리 수수리 사바하"가 무슨 뜻인가? 이것은 두 가지로 해석할 수가 있습니다.

"슈리 슈리 마하슈리 쑤슈리 쓰와하" 이렇게 해석할 수도 있고, "슈찌 슈찌 마하슈찌 쑤슈찌 쓰와하" 이렇게 해석할 수도 있습니다. 이 말들은 원래 범어로, 인도의 고전어인 범어를 음으로 번역을 한 것입니다. 음사했다고 하죠. "수리수리 마하수리 수수리 사바하"로 한문 음을 따서 음으로 번역한 것인데, 본래 발음은 다르다고 하는 것이죠.

"슈리 슈리 마하슈리 쑤슈리 쓰와하" 이렇게 읽으면 "영광되고 영광된 위대한 영광의 님이시여, 뛰어난 영광의 님이시여. 쓰와하" 이런 뜻이 되고, "슈찌 슈찌 마하슈찌 쑤슈찌 쓰와하" 이렇게 읽으면 "청정하고 청정한 위대한 청정의 님이시여, 뛰어난 청정의 님이시여. 쓰와하" 이렇게 되겠습니다. 발음으로 보자면 앞의 것이 비슷하고, 정구업진언이라고 하는 뜻으로 보자면 뒤의 것이 비슷한 내용이 되겠습니다.

어쨌든 간에 이 진언, 이 주문의 의미는 구업을 맑히는 진언이라고 알면 되겠습니다. 그리고 이것은 플라시보 효과라는 과학적인 용어로도 설명이 되죠. 소화제를 감기약이라고 주어서 먹여도 '아, 이게 진짜 감기약인가보다.' 하고 먹으면 감기 치료가 된다는 것입니다. 모든 것은 일체유심조이기 때문에 "진정한 공부는 마음공부다"라고 하는 것입니다.

고귀한 경전을 독송하기에 앞서서 경건한 마음으로 자기의 지나간 구업을 맑히는 것, 이것이야말로 경건한 마음가짐, 이런 것을 상징한다고 생각할 수 있고, 어른들을 뵙기 전에 정갈한 몸과 마음가짐을 갖추고 어른들을 뵙는 것과 같다고 말씀드릴 수 있겠죠.

그 다음에 두 번째로 **오방내외안위제신진언**五方內外安慰諸神眞言이 나옵니다. 여기서 '오방'은 말 그대로 동서남북과 중앙까지 해서 다섯 가지 방향을 뜻합니다. '내외'라고 하는 것은 안과 밖, 내 몸의 안과 밖, 이걸 뜻합니다. 그 다음에 '안위제신'이라고 하는 것은 "모든 신을 안위－편안하게 위로－시킨다, 위안한다." 이런 뜻입니다. 그러니까 "동서남북, 중앙, 내 몸의 안과 밖에 계신 모든 신들을 편안하게 위로하는 진언이다." 이런 뜻이 되겠죠.

경전을 독송하기 전에 먼저 이런 진언을 외우는 것은 경전을 독송하는 워밍업 과정이라고 할 수 있습니다. 또 한편으로, 천수경을 독송하게 되면 관세음보살님께서 출현하시게 되는데, 관세음보살님께서 느닷없이 출현하시더라도 신들이 놀라지 않게 하기 위해서 이 진언을 외우는 것입니다. 그리고 진언에서도 보시다시피, 신은 존재한다고 하는 것입니다. 범천, 제석천, 사천왕천, 이런 식으로 해서 천신들의 존재가 무수히 등장합니다. 대승 경전은 물론이고 초기 경전에도 보면, 많은 신들이 출현해서 부처님의 가르침을 듣고 부처님을 따르고 이러는 모습들이 나옵니다. 그렇게 불교에 귀의한 신들의 모임, 신들의 무리, 그것을 바로 신중神衆이라고 합니다. 그래서 신중단을 향해 조석으로 예불할 때 반야심경을 외우는 것은, 신의 존재를 인정하고 그런 신들도 역시 부처님의 가르침인 경전을 통해서 한 단계씩 더 순화시키고 승화시키는 그런 과정을 인정한다고 하는 것이죠.

다시 말해서 불교에서는 신의 존재를 인정하는 것입니다. 그러면 이 신이 우리와는 어떤 관계인가? 도반의 관계라고 하는 것이죠. 왜냐? "부처님과 신의 관계는 스승과 제자의 관계고, 우리와 부처님과의 관계도 스승과 제자의 관계니까 한 스승을 모신 도반이다." 이렇게 하면 정확한 답이 되겠습니다. 주인님으로 섬기는 게 아니라 도반으로서 서로 도움을 주고받고 한다는 것이죠. "불법을 함께 공부하는 도반이다." 이렇게 생각하면 정확한 해석이 되겠습니다.

그래서 오방과 내외, 내외라는 건 내 몸의 안과 밖이라고 그랬죠. 내 몸에도 역시 신이 있습니다. 정신이 있는 거죠. 몸이랑 같이 있을 때는 정신이라고 하고, 죽으면 귀신이라고 하고, 정신이 고귀하게 천상으로 올라가면 천신이라고 하는 것입니다.

그래서 모든 신을 안위시키는 진언 "**나무 사만다 못다남 옴 도로도로 지미 사바하**"라는 것은 본래 범어 원문을 보면 "나무 싸만따 붓다남 옴 뚜루 뚜루 지미 쓰와하" 이런 말이 됩니다. "두루 계신 모든 부처님께 귀의하오니, 옴, 제도하시고 제도하소서. 승리하도다. 쓰와하" 이런 의미를 가지고 있습니다. "두루 계신, 시방 세계에 아니 계신 곳이 없는 두루 계신 모든 부처님들께 귀의하오니, 옴, 제도하시고 제도하소서. 승리하도다. 쓰와하." "이 중생들을 고통의 이 언덕에서 평화의 저 언덕으로 건네주시고 건네주소서. 승리하도다. 쓰와하." 승리라는 것은 바로 "탐진치 삼독을 벗어났다, 삼독을 쳐부쉈다" 이런 뜻이 되겠습니다.

여기서 "옴"은 보통 주문의 앞부분에 나오는 용어로, 우주의 창조 · 유지 · 소멸 등의 모든 뜻을 갈무리하고 있는 진언 중의 대표적인 진언이라고 할 수 있습니다. 그래서 불교식으로 표현하자면 법신불 자리, 또는 법法 · 보報 · 화化 삼신불이 모두 갈무리된 바로 그 자리, 그것을 "옴"이라고 이렇게 한 마디로 표현을 합니다.

"사바하"라고 하는 것은 본래 범어를 보면 "쓰와하"라고 되어 있죠? 이 뜻은 "원만한 성취"로, 진언의 끝에 붙여서 그 내용이

원만하게 성취되기를 구하는 말입니다. 반야심경에도 보면 맨 끝에 "아제아제 바라아제 바라승아제 모지 사바하"로 되어 있는데, 여기서 "사바하"는 원래 "쓰와하"로, 역시 진언의 끝에 붙여서 그 내용이 이루어지기를 구하는 말입니다.

그 다음은 **개경게**開經偈입니다. 개경게라는 것은 경을 여는 게송입니다. 게송이라는 것은 싯귀로 된 노래를 의미합니다. 경은 바로 부처님의 말씀이죠. 그래서 경을 여는 게송, 부처님의 경을 읽기 전에 미리 경을 읽는 마음가짐을 갈무리해 놓은 것입니다.

무상심심미묘법無上甚深微妙法, 무상이라는 것은 "위가 없다"는 뜻이고, "위가 없다"는 것은 바로 "최상이다" 이런 소리죠. 더 이상 위가 없으니까 지존·최상, 이런 뜻이 되겠습니다. "위 없이 아주 깊은-심심-, 매우 깊은 미묘한 법-부처님의 가르침-은", **백천만겁난조우**百千萬劫難遭遇, "백천만겁이 지나도록 조우하기가 어렵네." 조우한다는 것은 만난다는 뜻입니다. "백천만겁이 지나도록 만나기가 어렵네", 이는 "부처님의 가르침을 만난다는 것이 쉽지 않은 일이다"는 말입니다.

불교에서는 삼난三難을 이야기합니다. 사람의 몸 받기가 어렵고, 부처님 법 만나기가 어렵고, 깨달음을 이루기가 어렵다. 어느 정도로 어려운가? "맹구우목盲龜遇木이다—눈먼 거북이가 나무를 만나는 격이다—" 이런 표현을 씁니다.

바닷속에 사는 눈먼 거북이가 어쩌다 한 번씩 숨을 쉬려고 바다 위로 떠오르는데, 마침 그때에 널빤지가 하나 있었어요. 그것도 중간에 구멍이 나 있는 널빤지란 말이죠. 과연 눈먼 거북이가 그 널빤지 구멍에 머리를 맞출 수 있을까요? 그 정도로 인간의 몸 받고 부처님 법을 만나서 깨달음을 얻기가 어렵다고 하는 것입니다.

그래서, 이런 어려운 법을 만나서 **아금문견득수지我今聞見得受持**, "내가 이제 듣고 보고 얻어서 수지하니", 백천만겁난조우의 경전을 지금 보고 듣고 얻어서 받아 지니니, **원해여래진실의願解如來眞實義**, "원컨대 여래의 진실한 의도를 이해하여지이다." 이런 뜻이 되겠습니다. 강원에서 상강례를 할 때 바로 이 개경게를 다 외웁니다. 그러면 아주 굉장히 가슴에 절절이 와 닿는 그런 내용이에요.

"위 없이 매우 깊어 미묘한 법을 백천만겁토록 만나기 어려운데, 제가 이제 보고 듣고 얻어서 수지하니 원컨대 여래의 진실한 뜻을 알아지이다."

여래란 바로 부처님을 가리키는 말이죠. "부처님께서는 이와 같이 우리에게 오신 분이다." 그래서 여래如來라고 합니다.

부처님이 스스로를 지칭하실 때 "붓다"라는 표현 또는 "나"라는 표현 이런 말을 잘 안 쓰셨고, 가장 즐겨 사용하시던 것이 여래라는 표현이었습니다.

"여래는 이렇게 생각한다.", "여래가 어제 탁발을 갔을 때 이런 일이 있었다." 이런 식으로 마치 제삼자가 얘기하듯이 여래라는 표현을 썼습니다. 부처님은 '나'라는 생각이 끊어지신 분이시기 때문에 '나'라는 표현보다는 바로 이런 표현을 쓰신 것이죠. 또 붓다는 다만 깨달은 분이라는 의미인데, 여래는 '이와 같이 오신 분이다' 해서, 만약에 부처님께서 깨달음을 이루시고 그냥 가셨다면 우리에게 어떤 의미도 없었을 것입니다. 그러나 우리에게 이처럼 오셨기 때문에, 와서 법륜을 굴리셨기 때문에 지금까지도 수천 년이 지나도록 많은 사람들의, 또는 신들의 가슴에서 잊혀지지 않고 신봉되고 있는 것이겠죠.

그 다음은 **개법장진언**開法藏眞言입니다. "법장을 여는 진언", "법의 창고를 여는 진언" 이런 의미가 되겠습니다. 부처님의 경전, 이것을 법장이라고 얘기하죠.

과거에 16나한 중의 한 분으로 인계타존자라는 분이 계셨습니다. 인계타존자께서는 본래 전생에 인간의 몸이 아니고 박쥐의 몸이었습니다. 박쥐의 몸으로 있는데, 겨울날 너무 추워서 한 동굴을 찾아가 그 천장에 매달려서 몸을 녹이고 있었습니다. 그때 마침 그 동굴 안에 모닥불을 피워놓고 한 무리의 사람들이 거기서 역시 추위를 피해서 몸을 녹이고 있었어요. 그 중에 한 분이 경전을 독송했던 거예요. 부처님의 가르침을 암송했던 것이죠. 그런데 박쥐가 그 소리를 듣고서는 너무 감응이 왔던 거죠. 그래서 독경소리는 인간은 물론이고 축생들조차도 들으면 감응이 온다고 하는 것입니다. 박쥐는 그 길로 몸을 바꾸어서 인간으로 태어나고, 결국 부처님의 제자가 되어서 16나한 중의 한 분이 되셨다는 이야기입니다.

이처럼 경전이라는 것은 우리가 뜻을 알고 들어도 좋고, 심지어는 뜻을 모르고 들어도 그 자체로서 우리에게 주는 진동파 이런 것들이 엄청난 긍정적인 영향을 끼친다고 할 수 있습니다. 이런 "경전을 여는 진언"이라고 해서 "**옴 아라남 아라다**" 이런 말을 씁니다. "옴 아라남 아라다" 이것은 역시 범어로 읽어도 똑같이 "옴 아라남 아라다"입니다. "옴, 깊은 심연深淵을 현전시키소서."가 되겠습니다. "깊은 의미, 아주 깊은 의미가 드러나지이다." 이런 뜻이 되겠죠.

부처님의 경전에는 깊은 의미가 담겨 있습니다. 그것을 자기들이 보고 듣고 하면서 자신의 깜냥만큼 보고 듣고 하는 것이죠. 저는 강원에서 경전을 가르치는 게 저의 주 소임이기 때문에 그런 것을 많이 느낍니다. 예를 들어서 사교반四教班에서 부처님의 경전 네 가지를 핵심적으로 가르칩니다. 금강경·원각경·능엄경·대승기신론, 이렇게 네 가지를 주로 가르치는데, 해마다 가르칠 때 와 닿는 게 달랐습니다. 제가 강원에 학인으로 있으면서 들었을 때와 그 다음에 그것을 제가 강사가 되어서 학인 스님들에게 강의를 하면서 보았을 때 와 닿는 게 다릅니다.

예를 들어서 같은 능엄경이라 해도 작년에 능엄경 강의할 때 와 닿은 느낌과 올해 강의할 때 와 닿은 느낌은 완전히 다릅니다. '아, 작년에는 이렇게 중요한 단어를 왜 제대로 안 보고 넘어갔을까.' 이런 것들이 강의할 때마다 새록새록 와 닿는 거죠. 그래서 '아, 경전이라는 것은 엄청난 깊이를 가지고 있는데 저마다 자기 깜냥만큼 자기 그릇만큼만 받아들일 뿐이구나.' 이런 것을 제가 아주 절실하게 느꼈습니다. 경전을 강의하고 이럴 때 정말로 그렇습니다.

지금 천수경도 강의하는 사람의 깜냥만큼 강의하는 것이고, 듣는 사람도 자기의 깜냥만큼 듣는다고 하는 것이죠. 왜냐? 우리는 저마다 마음 그릇이 있습니다. 그리고 자기의 마음 그릇 이상도 이하도 수용할 수가 없다는 것이죠. 그래서 기왕이면 마음 그릇을 넓히면 좋겠죠? 그리고 그것이 바로 경전을 읽고 탐구하는 데 있는 것입니다.

사실은 모두 마음 안에 선지식이 있다고 합니다. 육조단경에 보면 자심내선지식自心內善知識이라고 해서, "자기 마음속에 선지식이 있다."는 말이 있습니다. 또한 강원에서는 이런 말을 가르칩니다. "아유일권경我有一卷經하니 불인지묵성不因紙墨成이라. 전개무일자展開無一字로대 상방대광명常放大光明이라." 바로 본마음 자리를 가르치는 것으로 "나에게 한 권의 경전이 있는데 지필과 묵으로 이루어진 것이 아니네. 펼쳐 보면 한 글자도 없는데 항상 대광명을 방출하고 있구나." 이런 뜻이 되겠습니다. 여러분이 보고 듣고 알고 이런 것들이 다 본래 지니고 있는 한 권의 경전, 여러분 누구나가 이미 갖고 있는 본마음 참나 자리에서 비롯된다고 하는 것입니다.

지금까지 정구업진언부터 개법장진언까지 설명드렸습니다. 이 부분은 천수경은 물론이고 다른 모든 경전을 지송하기 전에 외우는 내용이 되겠습니다. 다시 말해서 경전을 지송하는 마음가짐과 몸가짐, 이러한 것들을 다시 한번 새롭게 다지는 그런 부분이 되겠죠. 지금부터 설명하는 부분이 본격적인 천수경이 되겠습니다.

천수경은 전체적으로 세 부분으로 나누어서 설명을 드릴 수가 있습니다. 가장 핵심이 되는 부분은 역시 신묘장구대다라니 부분이죠. 신묘장구대다라니, 이것이 바로 삼보와 관세음보살님께 귀의하고 그 덕을 찬탄하고 가피를 기원하는 내용입니다. 이 다라니 부분이 가장 핵심이 되겠고, 나머지는 다라니의 앞부분과 뒷부분, 이렇게 세 부분으로 나눌 수 있겠습니다. 다라니의 앞부분은 신묘장구대다라니를 열기를 청하는 부분이 되겠습니다. 다라니의 뒷부분은 참회와 발원 부분이 된다고 말씀드릴 수 있습니다. 즉 크게 세 부분으로 나누어서 첫 번째는 다라니 열기를 청하는 부분, 두 번째는 신묘장구대다라니, 세 번째는 참회와 발원, 이런 순서로 천수경은 구성되어 있습니다. 이런 순서에 입각해서 다라니 열기를 청하는 부분에서부터 독송과 풀이를 해나가도록 하겠습니다.

3) 다라니 열기를 청함

천수천안관자재보살 광대원만무애대비심대다라니 계청
계수관음대비주 원력홍심상호신
천비장엄보호지 천안광명변관조
진실어중선밀어 무위심내기비심
속령만족제희구 영사멸제제죄업
천룡중성동자호 백천삼매돈훈수

수지신시광명당 수지심시신통장
세척진로원제해 초증보리방편문
아금칭송서귀의 소원종심실원만

대다라니를 열기를 청하는 부분도 역시 세 부분으로 나눌 수 있습니다. 지금 읽은 부분이 첫째 부분이고, 두 번째는 다라니를 받들어 지송하고자 하는 원을 바라는 부분이며, 원을 바란 다음에 관세음보살님과 아미타여래를 칭명하는, 즉 이름을 칭하는 부분, 이렇게 세 부분으로 분단을 지을 수가 있습니다. 그 중에서 첫째 부분, 열어서 청하는 부분을 먼저 살펴보겠습니다.

먼저 제목을 보시면 **천수천안관자재보살千手千眼觀自在菩薩 광대원만무애대비심대다라니廣大圓滿無碍大悲心大陀羅尼**인데, 원래 '천수천안관자재보살 광대원만무애대비심대다라니경'이라는 그런 경전이 있습니다. 이것이 바로 천수경의 모태가 된 경전입니다. 쉽게 줄여서 그냥 "대다라니경"이라고 할 수 있는데, 그 대다라니경에 보면, "다라니를 지송하기 전에 먼저 이런 내용들을 하거라." 하는 표현이 있습니다. 그래서 여기서는 천수경의 모태가 되는 대다라니경에 있는 내용대로 찬탄과 발원, 불보살님의 명호를 읽는 그런 부분이 된다고 말씀드릴 수 있습니다.

천수천안이라고 하는 것은 손이 천 개, 눈이 천 개인 **관자재보살**을 말합니다. 관자재보살님이나 관세음보살님이나 같은 보살님입니다. 본래 범어로는 "아발로키테슈와라"라고 해서 같은 표현인데, 그것을 어떤 분은 관세음보살이라고 번역을 하셨고, 어떤 분은 관자재보살이라고 번역을 하셨을 뿐인 거죠. 이 분은 말 그대로 "손이 천 개, 눈이 천 개가 있기 때문에 언제든지 우리를 보살펴주시고 언제든지 거두어주신다." 이런 의미를 가지고 있습니다. "아니 계신 곳이 없다"는 말이죠.

어떤 분에게 "관세음보살님이 어디에 계십니까?" 하고 여쭈어 봤더니 "제 마음속에 계십니다." 이렇게 대답을 하시더라고요. "그러면 그대의 마음은 어디에 있습니까?" 그랬더니 "제 몸속에 있습니다."라고 그러세요. 그러면, 자기 몸속에 마음이 있고, 그 마음속에 관세음보살님이 계시면 "그 관세음보살님은 굉장히 오종종한, 쪼그만 보살님이겠습니다."라고 제가 우스갯소리로 말씀을 드렸죠.

관세음보살님이 마음속에 있다고 표현할 때, 그 마음은 오종종한 내 몸속에 있는 마음이 아니라 본마음 참나를 얘기하는 것입니다. 본마음 참나에서 대자비심을 한 생각 일으켜서 중생들을 구제하기 위해서 오신 분이 관세음보살님입니다. 그래서 마음속에 있다고 표현을 하려면 본마음 참나 그 속에 계신 것이고, 그 다음에 내 마음에서 자비심을 일으킬 때, 대비심을 일으킬 때 "밖에도 계신 관세음보살님과 서로 소통이 된다." 이렇게 알면 되는 것입니다.

제가 가까이 알고 지내는 전도사님이 계셨어요. 이 분은 신학대학원을 다니셨는데, 저한테 꼭 질문할 게 있다고 하더라고요. 대학원에서 불교에 대해서 공부를 하게 됐답니다. 리포트를 작성해 와 발표를 하기로 해서 불교에 관해서 리포트를 써갔는데, 그 내용들이 여러 명이 다 다르더라는 거예요. 똑같이 불교에 관한 내용인데 어떤 분은 굉장히 자력적 요소를 써왔고, 어떤 분은 또 굉장히 타력적 요소를 써왔고… 예를 들어서 아미타신앙이나 관음신앙 이런 것은 굉장히 타력적 요소가 강하죠? 또 참선 같은 것은 자력적 요소가 강하죠? 그런 식으로 여러 가지로, 얼핏 보면 상반된 듯한 견해들이 서로 모여졌답니다. 그래서 저한테 물어본 거예요. "도대체 어떤 게 진짜 불교냐? 자력이냐 타력이냐?" 저한테 질문을 했습니다. 그래서 제가 그랬죠. "모두 다 불교다. 불교에는 자력과 타력이 다 있다. 불교는 자각각타自覺覺他신앙이다."라고 얘기했죠.

"스스로가 깨치고 남들도 깨닫도록 해주는 것, 이것이야말로 불교의 핵심 사상이다. 그러나 그렇다고 해서 자력만을 쓰는 것도 아니고 타력만을 쓰는 것도 아니다. 자력과 타력을 함께 쓴다. 나의 노력이 우선하고 거기에 불보살님의 가피가 깃들고, 이렇게 해서 마치 손바닥을 '딱' 칠 때 왼손도 충실하고 오른손도 충실해야 박수 소리가 충실한 것처럼 자력과 타력을 함께 충실하게 쓸 때 그 공명, 그 결과가 충실하다." 이렇게 말씀을 드린 기억이 납니다.

그 중에서도 천수경 같은 경우는 타력 신앙의 보고입니다. 참회·발원·기도, 이런 것들이 잘 갈무리되어 있습니다. 한편 육조단경 같은 경우는 자력 또는 자각 신앙의 보고라고 할 수 있습니다. 참선·행불, 이런 것이 잘 갈무리되어 있습니다. 그래서 불교를 자칫 잘못 이해하다 보면 장님이 코끼리 다리 만지는 식으로, 자기가 만진 부분이 코끼리라고 얘기하는 것처럼 될 수 있기 때문에 잘 공부를 해야 됩니다.

광대원만무애대비심, 관세음보살님은 이런 마음을 가지고 계신다는 거죠. 광대하고 원만하고 걸림이 없는 큰 자비심입니다. **다라니**는 총지總持라고 하는데, 모든 것을 다 갖추고 있다는 의미를 가지고 있습니다. 즉 "다라니 속에는 모든 갖가지

요소가 다 갈무리되어 있기 때문에, 그저 전심전력으로 믿고 수지하고 독송한다면 모든 원을 성취할 수 있다." 이런 의미가 되겠습니다.

계청啓請이라는 것은 "열어서 청한다"는 의미가 되겠습니다. 그래서 대다라니를, 천수천안관자재보살 광대원만무애대비심대다라니를 열기 전에 먼저 열기를 청하는 그런 부분이 되겠습니다. 천수천안에 대해서는 삼국유사에도 이런 일화가 나와 있습니다.

희명希明이라는 사람이 아이를 낳았는데 아이가 다섯 살 되던 해에 눈이 멀었습니다. 그래서 천수천안관세음보살님 앞에서 기도를 하죠. "관세음보살님은 눈이 천 개나 있으니까 그 중에 한 개만 떼어서 우리 아이에게 주면 안 되겠습니까." 하고, 다섯살배기 아이의 눈이 뜨일 수 있도록 기도를 해서 정말로 그 아이가 눈을 떴다고 하는 아름다운 얘기가 삼국유사에 전해지고 있습니다.

계수관음대비주稽首觀音大悲呪, 계수라고 하는 것은 조아릴 계稽, 머리 수首입니다. 머리를 조아린다는 뜻이죠. 이것은 상대방에 대한 최상의 존경의 표현이라고 말씀드릴 수 있습니다. "머리를 조아립니다. 관음대비주께."

관세음보살님은 모든 소리를 관찰한다고 해서 관세음입니다. 우리가 어떤 소원이라든가, 어떤 바램, 이런 것을 말씀드리면 그 소리를 다 관찰해서 듣고 계신다는 소리죠, 남김없이. 그래서 "관세음대비주께 머리를 조아려 귀의합니다." 이런 뜻이 되겠습니다.

원력홍심상호신願力弘深相好身, "그 원력이 넓고 깊으며 상호의 몸도 또한 그러하여서", **천비장엄보호지**千臂莊嚴普護持, "천 개의 팔로 장엄하여서 널리 호지하시고", 중생들을 지켜보고 보호해주신다, 이런 뜻이 되겠습니다. **천안광명변관조**千眼光明遍觀照, 천 개의 눈에서 광명이 나투어서 두루 관찰해서 비추시니.

금강경에도 그런 말이 있죠? "여래는 실지실견悉知悉見이다." 여래께서는 다 아시고 다 보고 계신다. 이것이야말로 천비장엄보호지 천안광명변관조라고 하는 것이죠. "부처님은 어디에 계신가? 부처님은 아니 계신 곳이 없으시다. 내 몸 안에도 계시고, 몸 밖에도 계시고, 우주 안에도 계시고, 우주 밖에도 계신다. 그렇기 때문에 다 알고 다 보신다." 이렇게 알면 되겠습니다.

천수경, 천수다라니를 지송함으로써 불보살님의 가피를

얻은 일화는 수없이 많습니다. 근세 선의 중흥조인 경허선사의 수제자로 수월스님이라고 계셨습니다. 수월스님은 밤낮으로 오직 천수다라니만 지송하는 것으로 공부를 하셨습니다. 그래가지고 마침내 일념불망一念不忘의 경지에 이르셨다고 합니다. 일념불망의 경지라는 것은 한 번 보거나 들은 것은 잊지 않는 그런 경지예요. 절에 가면 축원 카드라는 게 있습니다. 자기 집 주소와 생년월일, 이름 등을 써놓은 것이죠. 그런데 수월스님은 축원 카드가 필요 없었다고 합니다. 왜냐? 한 번 들으면 다 외웠기 때문에 카드를 볼 필요가 없었습니다. 대단한 경지죠. 요새는 아주 부럽습니다. 저는 건망증이 심해서 몇 번 들어도 기억을 잘 못하고 그러는데 말이죠.

또 근세의 선지식인 용성 큰스님도 처음에 참선을 했는데 진전이 없었어요. 그래서 천수다라니를 지성으로 해가지고 마침내 의단이 형성돼서 의문덩어리, 화두에 대한 의문이 생겨서 공부를 이루었다고 합니다. 그러니까 이것은 기도하는 사람이나 참선하는 사람이나 모두 천수경, 천수다라니를 통해서 영험을 얻은 것이죠.

우리나라 불교를 해외에 널리 펴신 숭산 큰스님도 역시 천수다라니를 백일 동안 지송하여서 귀중한 체험을 얻었다고 하죠. 그래서 그 체험을 바탕으로 해서 한국선, 한국불교를

전 세계에 펴신 것입니다. 그 힘의 밑바탕이 된 것이 바로 천수경, 천수다라니라고 할 수 있으니까 우리가 이것을 안 할 수가 없는 것이죠. 천수경이야말로, 천수다라니야말로 자력과 타력을 함께 쓰는 비결이 여기 깃들여져 있다고 하는 것입니다.

우리가 내 힘만 가지고 하려면 이 세상은 참 살아나가기 쉽지 않습니다. 또 타력에만 매달리면 기복신앙에 떨어지게 됩니다. 그래서 나의 노력과 불보살님의 가피를 함께 써나갈 줄 알 때 성과는 빨리빨리 오는 것입니다. 자력과 타력을 함께 써서 신속하게 자각각타, 스스로도 깨우치고 남도 깨우치게 해주는 길에 신속히 이르는 비결, 그것이 바로 천수경, 천수다라니에 있다고 하니, 이거 뭐 안 할 수가 없는 것이죠.

진실어중선밀어眞實語中宣密語, "진실한 말 가운데 밀어를—은밀한 말을— 베푸시고", 은밀한 말은 바로 다라니를 얘기하는 거죠. **무위심내기비심無爲心內起悲心**, "무위심 속에서 자비심을 일으키셔서." 여기 지금 보면 계속 대비, 비심, 대비주, 대비심, 이런 말들이 나오죠? 불교에서는 자비를 얘기하는데 자慈와 비悲 둘 다 사랑입니다. 그런데 "자"는 내 말을 잘 듣고 나의 가르침을 따르는 이를 어여뻐서 사랑해주는 것이고,

"비"는 내 말을 잘 안 듣고 나를 믿지 않는 사람들을 가엾어서 사랑해주는 것입니다.

그러니까 어떻게 보면 "자"보다도 "비"가 정말 진정한 사랑이라고 할 수 있는 것입니다. 내 말을 잘 듣고 내가 하라는 대로 잘 따라하는 사람을 사랑하는 것이야 누구나 할 수 있는 거 아니에요? 대부분 내 말 잘 듣고 내가 하라는 대로 고분고분하고 나를 믿고 따르는 사람들에게는 사랑을 베풀어줄 수가 있죠. 그러나 내 말을 안 듣고 나를 안 믿는 사람조차도 가엾어서 사랑해주는 것, 이것이 진정한 사랑인 것이지, 내 말 들으면 사랑해주고 내 말 안 들어주면 지옥에 처넣고, 이것은 진정한 사랑이 아닌 것입니다. 그것은 굳이 종교가 없는 사람들도 할 수 있는 그런 거죠. "내 말 잘 들어? 그럼 내가 잘해줄게. 내 말 안 들어? 그러면 처단." 이것과 무슨 차이가 있냐는 것이죠. 적어도 종교라고 하면 그런 마음을 가져서는 안 되겠죠. 내 말 잘 들으니 예뻐서 사랑해주고, 내 말 안 듣고 날 안 믿어도 가엾어서 사랑해주고, 이렇게 모두 사랑해주는 게 자비심인 것입니다. 그래서 관세음보살님은 특히 "대비주다", "대비심을 지니고 있다", "비심을 일으켰다", "정말 진정한 사랑을 일으켰다"고 하는 것입니다.

본래 관세음보살님은 무위無爲의 경지에 이르신 분입니다.

무위의 경지라는 것은 더 이상 할 것이 없는 경지, 더 이상 공부할 게 없는 경지입니다. 우리가 이 세상에 와서 살아가는 데는 두 가지 모습이 있습니다. 업생業生과 원생願生이라고 하는 것이죠. 업생은 아직 공부할 게 남아서 숙제를 다 마치지 못한 사람들이 업으로 태어난 것이고, 원생은 공부할 게 없지만 다른 사람들 공부를 가르쳐주기 위해서 태어나는 것입니다. 그것이 바로 무위심내기비심이라고 하는 거죠. 무위, 더 이상 할 일은 없지만 그러나 일부러 자비심을 일으켜서 오신 것이죠. 왜냐? 공부를 가르쳐주기 위해서. "아직 숙제가 안 끝나서 온 게 아니고 남들 숙제 하는 것을 도와주기 위해서 숙제도우미로 오신 분이다." 그것이 바로 무위심내기비심이라고 하는 것이죠.

속령만족제희구速令滿足諸希求 **영사멸제제죄업**永使滅除諸罪業, "속히 모든 희망하고 구하는 바를 만족케 해 주시고, 길이 모든 죄업을 멸죄시켜 주신다." 이런 뜻이 되겠습니다. "우리의 희망하는 것은 다 만족시켜 주시고 또 우리의 죄업을 모두 소멸시켜 주신다." "관세음보살님께서는 업장을 대신 짊어주신다." 이런 뜻입니다.

얼핏 보면 이해가 안 가겠지만, 이런 비유가 있습니다. 예를 들어서 조그만 돌 하나를 강에 퐁당 던지면 어떻게 됩니까? 그냥 가라앉죠. 퐁당 던지면 조그만 돌도 가라앉을 수밖에 없습니다. 그러나 큰 배에 실으면 어떻게 됩니까? 안 가라앉죠. 커다란 바위도 큰 배에 실으면 안 가라앉는 것과 마찬가지라는 말입니다.

우리의 업장, 조그마한 업장이라도 자기 혼자 짊어지려고 하면 풍덩 가라앉지만, 불보살님들의 큰 대승의 배에 타게 되면 엄청난 바위도 가라앉지 않고 이 언덕에서 저 언덕으로 건너갈 수 있다고 하는 것이죠. 그것이 바로 구하는 바를 만족케 해 주시고 죄업을 멸죄시켜 주신다는 것입니다.

과거에 손경덕이라는 사람이 있었는데, 이 사람은 관세음보살님께 열심히 기도하신 분이었어요. 그런데 모함에 걸려서 감옥에 갇히게 됩니다. 처형을 당하게 되었어요. 그런데 관세음보살님이 나투셔서 관음경, 고왕경을 가르쳐주십니다. 몽수경이라고도 합니다. 그래서 그대로 실행을 했더니, 그 당시에는 칼로 목을 쳐서 처단을 하는데, 망나니가 칼을 치는데 칼이 부러지고 목은 까딱없는 거예요. 칼을 세 번이나 바꿔서 쳤는데도 여전히 그랬습니다. 그러자 왕에게 가서 사연을 고했고, 결국은 풀려났다고 하는 그런 일화가 실제로 전해지고 있습니다. 그리고 집에 와서 보니까 집에 모시고 있는 관세음보살님 성상, 원래 돌로 된 석조상이었는데, 그 목에 칼자국 세 개가 나 있더랍니다. 그러니까, 망나니의 칼을 관세음보살님께서 대신 받아주신 거예요. 이것이 바로 업장을 대신 짊어주신다는 것입니다.

천룡중성동자호天龍衆聖同慈護 백천삼매돈훈수百千三昧頓熏修. 천룡, 중성, 천룡팔부는 불법을 옹호하는 신중을 뜻합니다. 천신부터 시작해서 용신까지 팔부신장이 불법을 옹호하고 계시죠. 그런 뭇 성인들이 동자호同慈護, 함께 자애심으로 보호해 주신다. 이 다라니를 지송하면 이렇단 얘기죠. 다라니를 지송하게 되면 뭇 성인들이, 또 천신들이 보호를 해주신다고 합니다.

실제로 쌍계사에 지금도 전해지는 일화가 있습니다. 쌍계사 법당에 장명등이 있었습니다. 장명등이라고 하는 것은 계속해서 켜놓는 등, 인등引燈이라고도 하죠. 그 당시에는 전기가 없었을 때라서 기름에 불을 붙여서 장명등을 법당의 부처님 앞에 놨었습니다. 그런데 어느 날부터인가 장명등의 기름이 사라지는 거예요. 도대체 누가 훔쳐갈 게 없어서 법당에 와서 기름을 다 훔쳐가나? 하고 지켰습니다. 그랬더니, 아니나 다를까 밤늦게 발자국 소리가 쿵쿵 나더니 키는 구척장신으로,

도대체 사람인지 귀신인지 구분하기 힘든 그런 거한이 나타났습니다.

그래서 간신히 용기를 내서 "도대체 네가 뭐하는 놈인데 법당의 기름을 훔쳐가느냐?" 했더니, 그 자가 하는 말이 "저는 저 밑의 마을에 5백년 묵은 나무의 목신입니다."—나무에 깃들여 사는 신을 목신이라고 합니다.— "그런데 왜 기름을 훔쳐가느냐?" 하고 물으니 "요새 늦가을 초겨울이 되니까 그 집에 있는 하인들이 장작을 패는데, 내 다리에 장작을 대고 팹니다."라고 답하는 것이었습니다. 나무가 오래되면 나무뿌리가 밖으로, 땅바닥으로 튀어나오죠. 거기다 대고 장작을 팬 겁니다. 그러다 보니까 도끼가 뿌리에 닿기도 하고 옆으로 빗나가기도 하고, 그런데 목신은 나무가 자기라고 생각하고 있기 때문에 나무뿌리가 다치는 게 자기 다리가 다친다고 생각한 거예요. "다리는 아픈데 백약이 무효고 다만 부처님 앞의 기름, 이것은 항상 거기서 기도를 하고 천수다라니를 외우고 이런 기운을 받은 기름이기 때문에 이걸 발라야 다리가 시원해져서 제가 잠을 잘 수가 있습니다." 이러는 거예요. 그래서 "네가 보자니 키는 구척장신에다가 대단한 위세를 지녔는데 하인들을 직접 혼내주면 될 것이 아니냐?" 그랬더니 목신이 하는 말이, "안 그래도 호시탐탐 벼르고는 있는데 그 집 주인이 아침에 일어나면 항상 단정히 앉아서 천수경, 천수다라니를 지송하기 때문에 선신善神들이 옹호를 해서 어떻게 손을 대볼 수가 없습니다. 그래서 주인 영감이 죽기만을 내가 기다리고 있습니다." 이러는 거예요. 실제로 천수경, 천수다라니를 지송하면 선신들이 옹호를 해서 잡신들이 함부로 범접을 할 수가 없다는 그런 일화는 많이 전해지고 있습니다.

백천삼매돈훈수, 백천 가지 삼매가 문득 닦여진다. 저도 실제로 살아나가다가, 간혹 진퇴양난의 문제에 맞닥뜨리는 경우가 있습니다. 이거 하면 저게 걸리고, 저걸 하자면 이게 걸리고, 도대체 어찌해야 좋을지 쉽게 판단이 안 가는 그런 고민거리가 생길 때 천수다라니를 죽어라고 합니다. 그러다 보면 전혀 생각지도 못했던 그런 답이 저절로 떠올라집니다.

제가 그것을 몇 번 경험을 했습니다. 그래서 항상 드리는 말씀이, "고민할 시간에 기도해라." 이렇게 얘길 하는 것입니다. 천수다라니를 죽어라고 하다 보면 답이 떠오릅니다. 내가 어떻게 처신해야 될지, 아니면 어떤 도움을 누구한테 청해야 될지, 아니면 내가 어떤 사람을 만나야 될지, 이런 게 아주 명료하게 떠오릅니다. 그게 바로 삼매에 들어가니까 나에게 갖추어져 있는 지혜가 저절로 드러나게 되는 것이죠.

다라니를 지송하면 삼매력이 생깁니다. 그래서 "걱정할 시간에 기도해라." 하는 것이죠. 천수다라니를 죽어라고 외우면 내가 무엇을 어떻게 해야 될지 답이 떠오릅니다. 점집에 가서 물어보지 말고 다라니를 지송해야 되는 것입니다. "이게 어떻게 될까요? 내가 어떻게 나가야 될까요?" 이런 거 점집에 가서 물어보는 분들 많죠? 취미 삼아 가는 분도 있고, 처음엔 취미삼아 가더라도 자꾸 가다 보면 결국은 거기에 목을 매게 되죠. 나중에는 거기서 시키는 대로 하게 됩니다.

점집에 가서 물어볼 필요 없습니다. 누구나 다 답을 갖고 있습니다. 누구나 자기 문제에 대한 자기의 답을 갖고 있는데 그 답을 끌어내는 비결을 모르고 있는 것입니다. 그 비결이 바로 천수다라니라고 하는 것이죠. 이것은 저도 몇 번을 직접 체험했기 때문에 자신 있게 권장할 수 있는 것입니다.

수지신시광명당受持身是光明幢 **수지심시신통장**受持心是神通藏, "다라니를 수지하는 몸은 광명의 깃발이 되고 다라니를 수지하는 마음은 신통의 곳간이 된다." 이런 소리죠.

다라니를 수지하게 되면 몸에서 빛이 나게 된다고 합니다. 또 마음에 신통력이 생깁니다. 앞에서 말씀드린 것처럼 답이 저절로 떠오릅니다. 그 다음에 고민이 해결됩니다. 이거야말로 신통한 거죠. 이것보다 신통한 게 뭐가 있겠습니까? 그래서 얼굴도 밝아지고, 몸에서 빛이 나고, 마음에 신통력이 생기고, 뭐든 막혔던 것들이 뻥 뚫리게 됩니다. 소통, 제가 말씀드렸죠? 돈이나 도나 피나 통通이 잘 되어야 된다고. 소통이 잘 될 때 건강해지는 것입니다. 마음도 역시 마찬가집니다. 뭔가 맺힌 것, 이런 게 있으면 건강이 안 좋은 것입니다. 피도 어디 한 군데에서 맺히면 사람이 쓰러지게 되죠. 그것처럼, 소통이 잘 되는 것이야말로 참 중요한 일입니다.

세척진로원제해洗滌塵勞願濟海 **초증보리방편문**超證菩提方便門, "진로를 세척해서—진로라는 것은 '티끌과 같은 수고로움, 수많은 노고' 이런 뜻이 되겠습니다—, 모든 노고들이 다 세척되어서, 깨끗이 씻겨져서 원컨대 바다를 건너지이다." 바다라는 것은 고해의 바다입니다. 다라니가 고통의 이 언덕에서 열반의, 평화의 저 언덕으로 가는 배 역할을 하게 되는 것입니다.

초증보리방편문, "보리의 방편문을 뛰어넘어 깨달아지고." 보리에 이르는 길도 여러 가지 방편이 필요한 거죠. 본래 보리라는 것은 깨달음을 의미합니다. 깨달음은 사실은 단박에 가능하다는 거죠. 돈오頓悟, 누구나 단박에 가능합니다. 그러나 단박에 안 되는 경우가 대부분이죠. 그래서 세우는 것이 방편이라고 하는 것입니다. 단박에 자기 마음이 공하다는 것을 돌이켜 보고 본마음 참나 자리로 돌아가버리면 되겠지만, 그게 그렇게 쉽게 누구나 되는 것이 아니기 때문에 시설한 것이 바로 방편입니다. 그래서 독경-경전을 지송-하거나 주력-다라니를 지송-하거나 이런 것이 바로 방편이 되는 것입니다. 염불도 마찬가지입니다.

아금칭송서귀의我今稱誦誓歸依, "내가 이제 칭송하고 맹서하고 귀의하오니", **소원종심실원만**所願從心悉圓滿, "원하는 바가 마음을 쫓아서 다 원만히 성취되어지이다." 다라니경에 보면 이런 말이 있습니다. "누구든 구하는 모든 것을 다 이루게 되리라." 다라니를 지송하게 되면 누구든 구하는 것을 다 이루게 된다고 합니다. 다만 두 가지 경우만 제외됩니다. 첫째는 이런 말들을 믿지 않는 사람, 둘째는 정성껏 하지 않는 사람, 이런 경우를 제외하고는 누구든 "구하는 모든 것을 다 이루게 되리라."라고 표현을 하고 있습니다.

4) 다라니 지송을 위한 서원

나무대비관세음 원아속지일체법
나무대비관세음 원아조득지혜안

나무대비관세음 원아속도일체중
나무대비관세음 원아조득선방편
나무대비관세음 원아속승반야선
나무대비관세음 원아조득월고해
나무대비관세음 원아속득계정도
나무대비관세음 원아조등원적산
나무대비관세음 원아속회무위사
나무대비관세음 원아조동법성신
아약향도산 도산자최절
아약향화탕 화탕자고갈
아약향지옥 지옥자소멸
아약향아귀 아귀자포만
아약향수라 악심자조복
아약향축생 자득대지혜

나무대비관세음 원아속지일체법부터 아약향축생 자득대지혜까지 읽어봤습니다. 앞에서 말씀드린 것처럼 천수경은 크게 세 부분으로 나눌 수 있습니다. 첫째는 제일 중요한 부분으로 신묘장구대다라니라고 말씀드렸습니다. 그게 말하자면 천수경의 핵심이 되고, 다라니를 지송하기 전에 다라니를 열기를 청하는 부분, 그게 바로 다라니의 앞부분이고, 다라니의 뒷부분은 참회와 발원에 해당하는 부분입니다. 지금 여기는 다라니에 앞서서 다라니를 열기를 청하는 부분입니다.

지금 본 나무대비관세음부터 아약향축생 자득대지혜까지는 본래 대다라니경, 천수경의 원전이라고 할 수 있는데, 이 원전이 되는 대다라니경을 보면 이런 말이 있습니다. "만약 비구 비구니 우바새 우바이 동남동녀 등이 이 주문을 받들어 지송하고자 한다면 모든 중생에 대해 자비심을 일으켜야 하며, 먼저 마땅히 저를 따르는 이와 같은 원을 발하여야 한다." 여기서 이 주문이라고 하는 것은 신묘장구다라니를 얘기하는 것이고, 저를 따른다는 것은 바로 관세음보살님을 얘기하는 것입니다. 그래서 관세음보살님의 말씀대로 여기서부터 원을 발하는 순서가 되겠습니다. 이것도 원이고 뒤에도 또 발원이 나옵니다만, 이 부분은 일단은 천수다라니를 지송하기 전에 하는 원이 되겠습니다.

"첫 번째로 모든 중생에 대해 자비심을 일으켜야 한다. 그 다음에 이런 원을 발하여야 한다." 이런 내용은 굉장히 중요한 의미를 가지고 있습니다. 우리가 관세음보살님에게 가피를 입기 위해서는 먼저 우리도 관세음보살님처럼 중생에 대한 자비심을 일으켜야 한다는 것이죠. "줄탁동시啐啄同時"라는 말이 있습니다. 특히 선가禪家에서 잘 쓰는 말인데, 병아리가 알을 깨고 나올 때 밖에서 어미가 함께 부리로 알을 쪼아서 안과 밖이 서로 맞아떨어져, 병아리가 비로소 껍질을 깨고 이 세상에 출현한다고 하는 것이죠. 그것과 마찬가지로 불교에서는 타력 신앙이라고 하더라도 일단 본인의 노력이 전제되고, 본인의 마음가짐이 전제되고, 그 다음에 불보살님의 가피를 입는다고 합니다.

이게 바로 인연설입니다. 나의 노력이 인因이고 불보살님의 가피가 연緣인 것입니다. "나의 노력도 충실하고 가피도 충실할 때 결과가 충실해진다." 이런 것이죠. 이것은 무조건 그냥 "당신의 뜻대로 하소서." 하고 외부의 어떤 정신적 존재든 물질적 존재든, 외부의 존재에게 모든 것을 맡겨 버리는 것과는 차이가 있는 것입니다.

제가 부산에 강의가 있어서 간 적이 있는데, 택시를 타게 되었습니다. 그런데 이 택시 기사가 운전을 어떻게 험하게 하는지, 뒤에 앉아 있는 저로서는 불안하기 짝이 없을 정도였습니다. 그래서 제가 택시 기사분한테 말씀을 드렸죠. "지금 시간 충분하니까 천천히 가셔도 됩니다." 이렇게 말씀을 드렸는데 그래도 막 험하게 몰더라고요. 그래서 "아휴, 그렇게 험하게 몰다가 사고라도 나면 어떻게 하려고 그러십니까?"

이렇게 말씀드렸더니 이 분이 하시는 말씀이, "스님이 타셨는데요 뭐." 그러시는 거예요. '스님이 탔는데 뭐 사고가 나겠느냐'는 말이지요. 그래서 제가 "지금 잘못 알고 계십니다. 스님들도 직접 운전하다 사고가 나는 경우도 있고 신부님, 목사님들도 다 교통사고가 나서 죽기도 하고 다치기도 합니다. 그런 생각을 가지면 안 되고, 진인사대천명盡人事待天命이라고 일단 내가 할 바를 다 하고, 나의 노력을 다 하고 그 다음에 불보살님이든 신이든 그런 가피를 기다려야지, 그렇게 운전을 험하게 하면서 스님이 타셨다고 사고가 안 날 거다 하는 이런 생각은 그릇된 생각입니다." 이렇게 말씀을 드린 적이 있습니다.

그런데 이 운전기사뿐 아니라 실제로도 많은 분들이, 특히 종교에 몰두하는 분들 중에 '다 알아서 해주시겠지' 하고 자기가 할 바를 다 안 하면서 그러는 분들이 계신 걸로 알고 있습니다. 그것은 곤란한 일이죠. 자기가 할 바를 해 나가면서, 자기가 공부를 해 나가면서, 공부가 충실해지고 또 옆에서 거들어주기를 기다린다면 그것은 맞는 것입니다.

하늘은 스스로 돕는 자를 돕는다고 했습니다. 자기 스스로 먼저 노력을 하고 그 다음에 불보살님의 가피를 기다리고…, 이것이 불교의 타력 신앙이라고 하는 것입니다.

그렇기 때문에 다라니를 지송하기 전에 먼저 해야 할 일은

"모든 중생들에 대해 자비심을 일으켜야 되는 것", 이것이야말로 다라니를 지송하는 마음가짐이라고 하는 것이죠. 모든 중생들에게 자비심을…. "내가 관세음보살님께 자비를 구하는 것처럼 모든 다른 중생들에게 나도 자비를 베풀어주리라." 이렇게 마음먹는다면 바로 그 자리에서 관세음보살님의 가피를 입게 되는 거죠.

바로 지금 이 순간, 제가 이렇게 말씀을 드리고, 이 얘기를 듣고 있는 이 순간 바로 관세음보살님의 가피가 내리게 됩니다. 관세음보살기도를 백일기도·천일기도를 안 하셔도, '내가 관세음보살님에게 자비를 바라는 것처럼 나도 사람들에게 자비심을 베풀어야지.' 이런 마음을 먹는 것으로도 벌써 관세음보살님과 주파수가 맞아 떨어진다는 것입니다.

제가 한번은 한겨울에 산행을 간 적이 있습니다. 삼각산, 서울에 있는 북한산이죠. 산행을 갔는데, 그때 하도 추워서 정상 약간 못 미친 곳에서 일행들이 텐트를 치고 그 안에서 물을 팔팔 끓이고 있었어요, 큰 코펠에. 따끈한 물들을 마시기 위해서죠. 그런데 그 텐트 속에 물건을 가지러 갔다가 나오면서 잘못 건드려서 팔팔 끓는 물이 발등에 폭 쏟아진 거예요. 그래서 화상, 완전히 발등이 잘 익었죠. 돼지 머리고기 익히듯이 잘 익어서 고통이 극심했습니다. 할 수 없이 일행 중 한

분의 부축을 받으면서 천천히 걸어 내려왔죠. 그러니 내려오는 길이 그야말로 지옥이었습니다. 한 발자국 뗄 때마다 신발과 발등이 서로 쓸리니까, 화상 입은 부분과 등산화가 서로 쓸리는 부분이 고통이 심하더라고요. 한 걸음 뗄 때마다 통증이 밀려왔습니다.

그렇게 한 걸음 한 걸음 절뚝절뚝 하면서 부축을 받고 내려오다가 갑자기 그런 생각이 들었어요. '발등 하나 데어도 이렇게 괴로운데, 이 세상에는 이보다 더한 육체적 고통, 또 그보다 더한 정신적 고통을 겪는 사람들이 얼마나 많을까. 내가 그런 사람들을 위해서 살아야 되겠구나.' 하는 마음을 문득 일으켰습니다.

저도 왜 그런 마음을 일으켰는지는 모르지만, 어쨌든 자비심이 일어난 거죠, 말 그대로. 그런데 '그런 사람들을 위해서 살아야겠구나.' 하고 마음을 딱 먹는 순간 갑자기 발등의 고통이 싹 사라져버렸어요. 하하하. 이건 정말 제가 직접 겪은 일입니다. 그리고 그 순간부터는 전혀 고통이 안 느껴지더라고요. 그래서 거기서부터는 뛰어내려오다시피 금방 내려왔습니다.

그때 당시는 제가 학창시절이었죠. 대학에 다닐 때였습니다. 학창시절이라서 그냥 '신기하다' 이렇게 생각하고 넘어갔는데 나중에 제가 불교 공부를 본격적으로 하면서 알게 된 것이 "아, 그것이야말로 바로 관세음보살님의 대자대비심이고, 내가 관세음보살님의 대자대비심과 통하는 그런 자비심을 일으켰기 때문에 바로 관세음보살님의 가피를 입은 것이구나." 이것을 깨닫게 됐죠.

결론적으로 불보살님들의 가피를 얻는 아주 가장 중요한 요건은 무엇인가? 우리도 부처님처럼, 우리도 관세음보살님처럼, 그렇게 우리가 불보살님께 바라는 것들을 내가 다른 사람들에게 역량이 되는 한 100퍼센트 주리라, 이런 마음을 먹는 것, 그 마음자리가 바로 불보살님의 마음자리이기 때문에 그대로 가피를 입는다는 것입니다. 굳이 "관세음보살 관세음보살 관세음보살" 하고 백일 천일 안 해도 바로 지금 여기서 가피를 얻는 방법이 바로 그것입니다.

그렇다면 어떤 발원을 내야 하는가? 바로 관세음보살님의 마음가짐, 관세음보살님의 발원, 이런 것들이 바로 여기에 나와 있는 것입니다.

나무대비관세음南無大悲觀世音 원아속지일체법願我速知一切法, "대비의 관세음보살님께 귀의합니다." "나무"라는 것은 귀의한다는 표현이라고 했습니다. 돌아가 의지한다는 말이죠. 불교에서는 왜 굳이 "귀의한다"는 표현을 쓰는가? 결국은 관세음보살님이든 부처님이든 다 내 마음가짐에서 비롯된 거다, 본마음 참나에서 나온 분들이다, 나와 동일한 고향 출신이다, 그렇기 때문에 돌아가 의지한다고 얘기하는 것입니다.

원아속지일체법, "원컨대 제가 속히 알아지이다, 일체의 법을." 여기서 법이라는 것은 물론 불법이 되겠습니다. 부처님의 가르침이죠. 그래서 불법은 바로 제법무아諸法無我, 모든 존재의 구성요소에는 고정된 실체의 내가 없다는 것, 이게 바로 일체의 법을 통달하게 되는 비결입니다.

나무대비관세음 원아조득지혜안願我早得智慧眼, "원컨대 제가 일찍이 지혜의 눈을 얻어지이다." 지혜의 눈이라는 것은 바로 반야심경의 '조견오온개공照見五蘊皆空 도일체고액度一切苦厄'과 통하는 것입니다. "오온五蘊이 다 공했음을 비추어 보고 일체의 고통을 여의었다."는 뜻이죠.

색수상행식色受想行識, 오온이라는 것은 우리의 물질세계와 정신세계를 통틀어서 일컫는 말입니다. 물질세계를 색으로 표현하고, 정신세계를 수·상·행·식 네 가지로 이렇게 분류해서 얘기하는 것입니다. "물질－몸뚱이－"이든 "정신－마음－"이든 간에 고정된 실체는 없다는 것, 그래서 끊임없이 변하고 있다는 것, 그래서 바로 이 자리에서 몸과 마음가짐을 잘 써주는 것이 중요하다는 것, 이런 것들을 아는 것이 지혜의 눈을 얻는 것입니다.

나무대비관세음 원아속도일체중願我速度一切衆, "대비하신 관세음께 귀의합니다. 원컨대 제가 속히 일체의 중생을 건네지이다." 모든 중생들에게 내가 자비심을 갖는 바로 이것입니다. 나 혼자 잘 먹고 잘 살면 그만이다, 우리 가족만 잘 먹고 잘 살면 그만이다, 이런 마음가짐은 보살의 마음가짐이 아닌 것이죠. 보살의 마음가짐은 "일체의 중생이 다 제도되어지이다." 바로 이런 마음가짐입니다. 이것이 바로 큰 마음이죠. 이것이 바로 무아無我의 마음입니다.

일체중생에는 나도 포함되어 있고 내 가족도 다 포함되어 있습니다. 그러니까 나나 내 가족 다 제껴 놓고 다른 사람들만 잘 되라는 소리냐? 이것도 편협한 마음가짐이죠. 그래서 "일체중생을 제도하여지이다"라고 하는 것입니다.

나무대비관세음 원아조득선방편願我早得善方便, "대비하신 관세음께 귀의합니다. 원컨대 제가 일찍이 좋은 방편을 얻어지이다." 중생을 제도하기 위해서는 방편이 있어야 됩니다. 방편이 없으면 중생들이 말귀를 못 알아듣고 또 어떻게 해야 될지 길을 찾기 힘듭니다. 그래서 선가에서는 "좋은 방편을 얻어야 한다, 득력처가 있어야 된다." 이런 표현을 씁니다.

힘을 얻는 곳이 있어야 한다, 득력처得力處－얻을 득, 힘 력－죠. 그래서 다라니를 죽어라고 지송해서 거기서 힘을 얻든가－앞에서 말씀드린 것처럼 수월 큰스님이나 숭산 큰스님같은 이런 위대한 큰스님들도 다 다라니를 통해서 힘을 얻으신 분이에요－, 신묘장구대다라니를 죽어라 하고, 백일 천일 이런 식으로 날을 잡아서 기도를 하고, 거기서 힘을 얻어서 그 힘으로 중생들을 제도하고, 저 머나먼 세계 방방곡곡까지 한국불교, 선불교를 전파하고, 이런 것입니다. 그런 큰일들을 하기 위해서는 반드시 힘 얻는 곳이 있어야지 그냥 말로만 가지고 되는 게 아닙니다. 그 힘을 얻는 비결이 여러 가지가 있지만 그 중에서도 여기서 말하는 것은 바로 다라니라고 하는 것입니다.

나무대비관세음 원아속승반야선願我速乘般若船, "원컨대 제가 속히 반야선을 타지이다." **나무대비관세음 원아조득월고해**願我早得越苦海, "원컨대 제가 일찍이 고해를 건너지이다." 반야선을 타고 고해를 건넌다고 하는 것이죠. 반야선은 조그마한 게 아니고 큰 배이기 때문에, "나도 타고 너도 타고 저 언덕에 건너가세. 함께 가세." 하는 것이 됩니다.

나 혼자만 타고 건너는 그런 배를 소승이라고 하죠. 나와 남이 함께 누구든지 탈 수 있는 그런 배가 바로 대승입니다. 반야선은 바로 대승인 것이죠. 그래서 "고통의 이 언덕에서 평화의 저 언덕으로 건너가세, 함께 가세.", 고해를 건너간다고 하는 뜻이죠.

나무대비관세음 원아속득계정도願我速得戒定道, "대비하신 관세음께 귀의합니다. 원컨대 제가 속히 계정도를 얻어지이다." 계정도라는 것은 계율 · 선정 · 도, 이런 뜻이 되겠습니다. 힘을 얻는 데는, 공부하는 데는 계율이 첫째가 되고 그 다음에 정, 그 다음에 혜, 이렇게 보통 계 · 정 · 혜 삼학을 이야기합니다. 공부를 하는 데는 첫째로 계율을 지켜야 되겠죠. 기본적으로 신도 오계五戒 정도는 지켜야 된다고 하는 것이죠. 살생, 투도, 사음, 망어, 음주입니다. 생명을 함부로 죽이면 그 생명이 반드시 나한테 앙갚음을 하려고 듭니다. 그래서 내가 혼자서 공부하려고 해도 그냥 공부하게 놔두질 않죠. 도둑질도 마찬가지입니다. 내가 남이 소중하게 여기는 것을 훔치게 되면 그 사람이 나를 가만 두겠습니까? 기분 나빠서 어떻게든 앙갚음을 하려고 하죠. 사음도 마찬가지죠. 관계가 복잡해집니다. 관계가 복잡해지면 공부 못하는 겁니다. 망어, 거짓말도 하게 되면 남들이 나의 말을 안 듣게 되고, 그러다 보면 살기가 힘들어지는 거죠. 점점 더 힘들어지게 되는 거죠. 음주, 이것은 정신이 매해지니까 탁해지고, 그래서 공부에 점점 멀어지는 것이죠.

하지만 이런 계율을 지키다보면 선정, 마음이 점차 고요해집니다. 일상생활이 고른데 마음이 고요해지지 않을 수가 없죠. 일상생활을 바르게 안 하면서 마음만 고요하게 하려고 하면 그것이 될 턱이 없는 거죠. 그래서 생활을 바르게, 올바르게 했을 때 마음이 점차 고요해지고, 마음이 점차 고요해지니까 거기서 지혜가 생기고, 이게 바로 계정혜 또는 계정도 삼학을 이룰 수 있다는 것입니다.

마치 탁한 물이라도 진흙이 다 가라앉으면 밑바닥이 보이는 것과 똑같은 이치입니다. 물통을 계속 흔들면 계속 탁한 물인데, 물통 흔드는 것을 잠시 멈추면 물이 가라앉죠. 그러면 바닥이 보입니다. 이 물통 흔드는 걸 멈추는 게 바로 계율이고, 물이 가라앉는 게 선정이고, 물 밑바닥이 훤히 보이는 게 지혜라고 하는 것입니다. 계정혜 삼학은 불교의 필수불가결의 요소입니다.

나무대비관세음 원아조등원적산願我早登圓寂山, "원컨대 제가 일찍이 원적산에 올라지이다." 원적산이라는 것은 열반의 산, 열반의 언덕을 얘기하는 것입니다. 모든 것이 다 쉬어버린, 우리의 열망이 다 쉬어버린 그런 곳이죠. 우리가 가지고 있는 어떤 열망, 이런 것들은 사실은 좋게 쓰이면 좋은 데로 쓸 수 있는 것입니다. 말하자면 에너지와 같은 것입니다.

원자 에너지 이런 것은 에너지 그 자체로서는 순수 에너지지만 이것을 원자폭탄을 만들어서 사람을 죽이는 데 쓸 수도 있고, 또는 원자력 발전소를 돌려서 사람들에게 빛을 주고 따뜻함을 주고 사랑을 줄 수 있는 그런 용도로도 쓸 수 있는 것이죠. 이것을 어디에 쓰느냐 하는 것은 온전히 자신의 선택에 달려 있다고 하는 것입니다.

나무대비관세음 원아속회무위사願我速會無爲舍, "대비하신 관세음보살님께 귀의합니다. 원컨대 제가 속히 만나지이다, 무위無爲의 집을." 무위의 집이라고 하는 것은 바로 무주無住, 무착無着, 이런 것이 전제된 그런 집이죠. 무위라는 것은 말 그대로 '함이 없다, 더 이상 공부할 게 없다' 이런 소리입니다. 어떤 일을 하더라도 나를 위해서, 내 가족을 위해서 하는 것이 아니고 바로 중생제도를 위해서 해야 합니다.

예를 들어서 "법륜을 굴리겠습니다"라는 발원을 세웁니다.

그런 발원을 세우고 그 발원에 철저해지다 보면 모든 것이 나를 위해서 하는 것이 아니고 법륜을 굴리기 위해서 하는 것이 되는 것이죠. 그것이 바로 무위입니다. 바로 '하되 함이 없는' 것입니다. 밥을 먹는 것도 법륜을 굴리기 위해서 먹고, 잠을 자는 것도 법륜을 굴리기 위해서 자고, 돈을 버는 것도 법륜을 굴리기 위해서 벌고, 일을 하는 것도 법륜을 굴리기 위해서 하는 게 되는 거죠.

왜냐? 거기에다 초점을 맞추게 되니까 모든 것이 다만 나와 내 가족 잘 먹고 잘 살라고 하는 데서 벗어나서 자연스럽게 법륜을 굴리기 위해서 하게 되는 거죠. 왜냐? 법륜을 굴리려면 건강해야 되니까, 법륜을 굴리려면 넉넉해야 되니까, 법륜을 굴리려면 아는 게 있어야 되니까. 공부를 하는 것도 밥을 먹는 것도 돈을 버는 것도 모두 다 법륜을 굴리기 위해서 하면 그것이 바로 무위의 집이 되는 것입니다.

나를 위해서 하는 것이 모두 유위有爲의 집이고 법륜을 굴리기 위해서 하는 것이 무위의 집이 되는 거죠. 이런 말이 있습니다. "중생들은 무엇을 하든 다 자기를 위해서 하고, 보살은 무엇을 하든 다 중생들을 위해서 한다." 바로 그것이 무위의 집이라고 하는 것이죠.

겉으로 보기에 아무리 숭고한 듯이 보이고 아무리 남을

위한 듯이 보여도 그 속내를 들여다보면, 아직 이런 발원을 세우지 않은 사람들은 결국은 다 자기를 위해서 한다는 거죠. 자기의 명예를 드날리고 재물을 더 모아 부자가 되고…, 그러기 위해서 하는 것이지 진정으로 남을 위해서 하는 게 아니라는 것이죠. 반면 "보살심을 가지고 법륜을 굴리겠습니다" 하고 발원을 세운 사람들은 어떤 행위를 하더라도 그 속내를 보면 다 중생들을 위해서 하는 것입니다.

나무대비관세음 원아조동법성신願我早同法性身, "원컨대 제가 일찍이 법성의 몸과 같아지이다." 법성의 몸이라는 것은 본마음 참나 자리를 이야기합니다. 우리는 본래 다 본마음 참나 자리에서 나왔습니다. 우리의 고향은 모두 본마음 참나라는 것이죠. 본마음에서 한 생각 분별심을 일으켜서 마음이 생겼고, 그 마음이 똘똘 뭉쳐져서 몸뚱이가 생겼다고 하는 것이죠.

언뜻 생각할 때 '몸속에 마음이 있고, 그 마음속에 본마음이 있다.' 이렇게 생각하기 쉬운데, 그렇게 되면 마음도 그렇고 본마음도 그렇고 얼마나 오종종하겠어요. 허허허. 내 몸뚱이보다 작다는 말 아니에요? 그게 아니고 거꾸로 생각해야 됩니다. '본마음속에서 마음이 출현했고, 그 마음이 똘똘 뭉쳐서 몸뚱이로 화신化身, 화현한 거다.' 이렇게 말입니다.

우리의 몸뚱이에 대한 애착, 내 몸뚱이가 영원 불변의 실체가 있다고 하는 생각 그게 바로 몸뚱이착着입니다. 또 마음의 분별—분별심. 나다 남이다, 옳다 그르다, 맞다 틀리다, 이익이다 손해다, 이렇게 나누는 바로 그 마음—이것이 쉬면 그 자리가 그대로 본마음 참나 자리라고 하는 것이죠.

아약향도산我若向刀山 도산자최절刀山自摧折 아약향화탕我若向火湯 화탕자고갈火湯自枯竭, "제가 만약에 도산지옥을 가거든 도산지옥이 저절로 꺾어 없어지고, 제가 만약에 화탕지옥을 가거든 화탕지옥이 저절로 말라버리고",

아약향지옥我若向地獄 지옥자소멸地獄自消滅 아약향아귀我若向餓鬼 아귀자포만餓鬼自飽滿, "제가 만약에 지옥을 향하면 지옥이 저절로 소멸돼 버리고, 제가 만약에 아귀를 향하면 아귀가 저절로 포만, 배가 불러지고",

아약향수라我若向修羅 악심자조복惡心自調伏 아약향축생我若向畜生 자득대지혜自得大智慧, "제가 만약에 수라, 아수라장을 가면 악심, 악한 마음이 저절로 조복되고, 제가 만약에 축생을 향해서 가면 축생들이 저절로 대지혜를 얻어지이다." 이거야말로 관세음보살님의 원이죠. 이것들이 다 관세음보살님의 발원입니다.

아약향도산 도산자최절, "제가 만약에 도산지옥을 향하면 도산이 저절로 꺾어 부러진다." 도산지옥은 팔대지옥의 하나인데, 그곳은 바닥이 전부 뾰족한 칼끝으로 깔려 있습니다. 그리고 그 위를 걷거나 눕거나 떨어지거나 하면서 계속 찔리고 베어지는 고통을 감수해야 되는 그런 지옥입니다. 그래서, 이 지옥에 가면 도산지옥이 저절로 꺾어 없어진다는, 도산지옥에 있는 칼들이 전부 꺾어 없어져서, 무디어져서 중생들이 고통을 받지 않게 되어지이다, 이런 서원이 되겠죠. 그런데 도산지옥은 밖에만 있는 것이 아니라 우리 마음속에도 있습니다. 칼 같은 마음이 도산지옥이죠. 남을 해치려고 하는 마음, 고슴도치처럼 자기의 털끝을 바짝 세우는 마음, 이런 것들이 다 도산지옥이라고 하는 것입니다.

남을 해치려고 하거나 남에게 성질내는 마음, '저걸 어떻게 못살게 굴까' 하는 마음들을 먹게 되면 먼저 내 마음속에 독기가 생기죠. 자기가 스스로 먼저 영향을 받게 되는 것입니다. 그래서 "도산지옥을 향하면 도산이 저절로 꺾어지이다" 하는 것은 나에게 이런 까칠한 마음, 남을 해치려는 마음, 남에게 비수를 꽂는 그런 심정, 이런 것들이 일어났을 때 "나무대비관세음"

하면 저절로 그런 것들이 싹 사라지는 바로 그런 경계를 이야기합니다.

제가 한번 비몽사몽간에 기차를 타고 간 적이 있습니다. 기차를 타고 막 달리고 있는데, 기차가 절벽을 달리는 거예요. 정말 스위스나 히말라야산 같은 깊은 산중의 절벽길 옆으로 아슬아슬하게 달리고 있었습니다. 절벽이라서 커브를 돌아야 되는데, 기차가 그냥 전속력으로 직진을 하고 있는 겁니다. 너무 위험해요. 아니나 다를까, 기차가 궤도를 벗어나서 저 밑에, 까마득한 절벽으로 떨어지는 겁니다. 제가 그 기차를 타고 있는데….

그래서 순간적으로 '야, 이제 가나보다.' 이런 생각이 들었죠. 그러면서 바로 그때 "나무석가모니불" 하고 부처님의 명호를 외웠어요. 딱 한 번, 나 · 무 · 석 · 가 · 모 · 니 · 불 일곱 글자네요. 그냥 편안한 마음으로 '나무석가모니불' 하고 외웠는데 그 순간에 딱 제 몸이 허공중에, 떨어지고 있는 기차에서 벗어나서 허공 가운데 둥둥 떠서 가고 있는 거예요. 가부좌를 틀고 있는데, 아래를 보니까 불상 밑에 있는 연화대 · 연화좌가 펼쳐 있는 겁니다. 연화좌를 타고 안전한 곳으로 둥둥 떠서 가는 그런 체험을 한 적이 있어요, 비몽사몽간에.

물론 그것이 현실은 아니었지만, 결국 우리의 마음이라는 것은 현실에서나 꿈속에서나 똑같이 작용을 하는 것이죠. 그때 제가 확신을 얻게 됐습니다. 그것은 무엇이냐? "아무리 괴롭고 아무리 위태로운 상황에 처할지라도 그저 한 마음 돌이켜서 '나무석가모니불' 또는 '나무관세음보살' 하게 되면 그 위태로움을 벗어날 수 있는 것이구나." 이런 확신을 갖게 됐죠.

생사의 고비에 다가서더라도 '아이구, 내가 이제 죽게 됐네. 큰일났네, 이거 어떻게 하지.' 이런 생각을 하지 말고 "나무관세음보살" 또는 "나무석가모니불" 이렇게 한 마음 돌이켜서 염불을 하게 되면 바로 연화좌가 다리 밑에 생겨서, 가부좌를 틀고 자연스럽게 편안한 몸과 마음이 되어서 평화의 저 언덕으로 누구든지 건너간다고 하는 것이죠. 여러분들도 확신을 가지면 누구나 되는 것입니다.

아약향화탕 화탕자고갈, "제가 만약 화탕지옥을 향하면 화탕지옥이 저절로 말라지이다." 펄펄 끓는 화탕, 불의 탕이죠. 그게 다 말라 없어져버린다. 화탕지옥이라고 하는 것은 우리의 끓는 마음, 이것을 얘기합니다. 분노심, 부글부글 끓는 마음, '야, 끓는다 끓어', 이런 마음들이 바로 화탕지옥이죠. 그래서 그런 "부글부글 끓는 마음이 일어나더라도 그저 '나무대비관세음' 하게 되면, 혹은 '나무관세음보살' 이렇게 부르게 되면 부글부글 끓는 마음이 싹 쉬어서 고갈된다." 이런 소리입니다.

아약향지옥 지옥자소멸, "제가 만약 지옥에 향하면 지옥이 저절로 소멸되어지고." 여기서의 지옥은 도산지옥과 화탕지옥을 제외한 나머지 지옥을 전부 통칭한 것입니다. 그래서 "어떤 지옥에 가든지 지옥이 저절로 다 소멸되어 버린다."는 말이죠.

큰절에서는 조석예불, 즉 아침저녁으로 예불하기 전에 사물을 칩니다. 운판, 목어, 법고, 범종, 이것을 사물四物이라고 하죠. 운판雲板은 쇠로 만들었는데 구름 모양으로 생겼습니다. 그래서 그걸 치면 날짐승이 제도된다고 합니다. 목어木魚는 나무 가운데를 파서 만들었죠. 물고기 모양으로 만든 것입니다. 그래서 그걸 치면 물짐승이 제도된다고 합니다. 법고法鼓, 이것은 들짐승의 가죽으로 만들었죠. 그래서 그걸 치면 들짐승이 제도된다고 합니다. 범종梵鐘이 있어요, 대종. 이것은 쇳물을 펄펄펄 끓였다가 식혀서 만듭니다. 이걸 치면 지옥중생이 제도된다고 얘기합니다.

그래서 제가, 그러면 운판을 칠 때 새들이 날아와서 그걸 듣고 제도되느냐, 목어를 칠 때 물고기들이 모여서 제도되느냐, 법고를 칠 때 들짐승들이 내려와서 그 소리를 듣고 제도되느냐, 이런 의문을 가졌습니다. 그러면 왜 그런 얘기를 했을까? '아, 이게 바로 마음속 중생을 얘기하는 거구나.' 하고 스스로 터득하게 됐습니다.

운판이라는 것은 구름 모양으로 생긴 쇠로 이루어진 건데, 날짐승이라고 하는 것은 내 마음의 들뜬 마음, 허영심, 오락가락 갈피를 못 잡는 이런 것들을 바로 날짐승이라고 하는 것입니다. 왔다갔다 하고, 허영심에 들떠 있는데 쇳소리, 캉캉캉캉 하는 쇳소리를 들으면 그런 들뜬 마음들이 가라앉게 됩니다.

그 다음에 목어가 물짐승을 제도한다고 하는 것은, 물짐승은 바로 내 마음의 축축한 마음, 우울한 마음, 그런 것들입니다. 그런 것들이 둔탁한 나무의 소리, 탁탁탁탁 하는 소리를 들으면 그게 건조된다, 축축했던 마음들이 건조되는 것이죠. 그래서 가라앉았던 마음들이 올라옵니다.

법고는 들짐승의 가죽으로 만들어서 제도한다고 하는데, 들짐승은 만나기만 하면 서로 으르렁 으르렁거리죠. 투쟁심— 못 잡아먹어서 안달하고, 질투심, 시기심, 이런 것들이 법고를 두드리는 소리를 들으면 가라앉습니다. 이것이 바로 들짐승이 제도되는 소식이죠.

그 다음에 범종을 치면 지옥 중생이 제도된다고 하는 것은, 범종은 쇠를 용광로에 녹여서 부글부글 끓는 쇳물을 식혀서 만들죠. 그래서 부글부글 끓는 마음, 나의 성내고 분하고 이런 마음들이 대종소리를 들으면 쉰다고 하는 것입니다. 식어진다는 거죠.

가을이 되면 운판, 범종 소리가 아주 듣기 좋습니다. 가을에 모든 것이 뽀송뽀송하게 말랐을 때 법고도 뽀송뽀송해지거든요. 그걸 치면 둥둥둥둥 울리는 소리가, 멀리 있는 사람들도 그 소리를 들으면 마음에 투쟁심이 쉬게 됩니다.

제가 아는 한 스님이, 어느 절에 놀러 갔는데, 자다가 새벽에 범종 소리를 들은 거예요. '쿵—' 하고 울리는 범종 소리를 듣는 순간 갑자기 온몸에 있는 구멍이라는 구멍에서 전부 시커먼 기운들이 쫙 연기처럼 빠져나오는 게 보이더랍니다. 그러면서 몸과 마음이 가벼워졌어요. 그래서 그 길로 바로 출가를 해서 스님이 되었다고 하는 실화입니다.

그런 것들이 바로 여기서 지금까지 말씀드린, "제가 도산지옥에 가면 도산이 저절로 꺾어지고, 화탕지옥에 가면 화탕이 저절로 말라지고, 지옥에 가면 지옥이 저절로 소멸되고" 이런 소식이 되는 것입니다.

아약향아귀 아귀자포만, "제가 만약에 아귀를 향하면 아귀들이 저절로 포만, 배부름을 느끼게 되옵니다." 먹어도 먹어도 배가 고픈 게 아귀라고 합니다. 만족할 줄 모르는 마음, 이것이 바로 아귀입니다.

지금 우리가 모두 사람의 몸을 하고 있지만, 사실은 사람의 몸을 하고 있는 가운데도 어떤 마음을 연습했느냐에 따라서 벌써 어떤 사람은 축생의 모습으로 되어가고 있고, 어떤 사람들은 아귀의 모습으로 되어가고 있고, 어떤 사람들은 지옥의 모습으로 되어가고 있고, 이렇게 벌써 그런 모습으로, 자기 마음 연습한 대로 가고 있는 것입니다. 그래서 죽으면 바로 그쪽으로 가는 것입니다. 평생 동안 연습해 온 마음이 죽은 다음에, 그 마음에 걸맞는 장소를 좇아서, 주파수를 따라서 가는 것입니다.

아귀라는 것은 만족할 줄 모르는 마음입니다. 가져도 가져도 또 가지려고 하는 것이죠. "있는 사람이 더 무섭다."는 말이 있죠. 베풀 줄을 알아야 되는데…. 이런 재미있는 말이 있어요. 990만 원 가진 사람이 10만 원 가진 사람한테 돈을 빌려달라고 그런답니다. 왜 그러냐. 천만 원 채우려고. 990만 원 가진 사람이 10만 원밖에 없는 사람 돈을 억지로 자기 걸로 만들려고 그럽니다, 천만 원 채우기 위해서. 이것은 우리가 생각해 보아야 할 일입니다.

지금 선진국일수록 조건 없이, 어려운 사람들을 위해서

자기 재산을 베푸는 사람들이 많죠. 부자일수록 베풀 줄 알아야 된다고 하는 거죠. 평생 동안 자기가 쓰고도 충분히 남는 그런 돈을 가진 분들이 제법 많습니다. 그거 죽어서 가지고 갈 것도 아닌데 없는 사람들한테 베풀고, 또는 사회복지법인이라든가 종교단체라든가, 투명하게 쓰일 수 있는 부분에 기부를 하고…, 이런 것들이야말로 아귀도를 벗어나는 방법입니다.

아약향수라 악심자조복, "제가 만약에 수라를 향하면 악심이 저절로 조복되어지이다." 수라장이라는 말이 있죠, 수라장. 이것은 아수라장의 약자인데, 수라들은 만나기만 하면 서로 싸움질을 한다고 합니다. 서로 남을 이겨 먹으려고 싸움질을 하고—투쟁심—, 그래서 '수라장에 가면 악한 마음을 가진 사람들이 저절로 조복되어지이다. 마음을 조절하여지이다.' 이렇게 발원하는 것입니다.

아약향축생 자득대지혜, "제가 만약에 축생을 향해서 가면 저절로 대지혜를 얻어지이다." 축생들조차도 대지혜를 얻는다—축생들은 전혀 말귀도 못 알아듣고 이러는 것 같지만, 그러나 축생들도 영향을 받는다고 하는 것입니다.

인도에 재미있는 예화가 있습니다. 인도에서는 과거에 사형수들을 처형할 때 코끼리를 써서 밟아 죽이는 그런 경우가 있었습니다. 그래서 코끼리를 난폭하게 길들여서 사형수들을 처단하게끔 그렇게 만들었는데, 한번은 코끼리 우리를 수리할 필요가 있어서 코끼리를 임시로 다른 데 옮겨놓았답니다. 수행하는 절 옆에 임시로 옮겨놨어요. 그러다가 처형할 일이 있어서 데려왔는데 코끼리가 너무 온순해져 있는 거예요.

코끼리를 절 옆에 내어놓으니까 코끼리가 아침저녁으로 독경하는 소리를 듣고 마음이 순화되어 버렸어요. 그래서 사형수를 처단할 수가 없게 되었다는 그런 일화입니다. 축생들조차도 독경 소리를 듣거나 좋은 말씀, 성인들의 말씀, 이런 것을 듣게 되면 제도가 된다고 하는 것이죠. 성품이 변해 버린다는 것이죠.

앞에서 본 것처럼, 16나한 중의 한 분인 인계타존자는 전생에 박쥐로 동굴에 매달려 있는데, 마침 거기에 온 사람들 중에 한 분이 독경을 했어요. 그래서 그 소리를 듣고 죽어서 바로 인간으로 태어나서 부처님의 수제자가 되었죠.

또 우리나라의 환성 지안喚醒 志安이라고 하는 조선시대의 대선사, 큰스님이 계셨습니다. 이 스님은 법문을 잘 하셨다고 합니다. 그래서 듣는 이들이 모두 감탄하지 않는 자가 없었는데, 한 번은 신중님이 오셔서 큰스님을 뵙고는 하시는 말씀이,

"법문을 잘 하는 큰스님이 계신다고 해서 와서 보니까 영산회상의 자벌레였구만." 이러는 겁니다. 자벌레라고 나무를 타고 다니는 벌레가 있어요.

영산회상은 바로 부처님께서 법화경을 설법하시던 곳입니다. 영산회상 당시에 자벌레로서 그 설법하는 것을 들었던 것입니다. 즉 말귀는 다 못 알아들었어도 하여튼 그런 고귀한 법문을, 부처님께서 직접 설하시는 자리에 있었던 인연만으로도 다음 생에 인간의 몸을 받고 또 아주 공부를 잘해서 법문을 아주 잘하는 스님으로 태어났다고 하는 것이죠. 이런 것들이야말로 "아약향축생 자득대지혜"의 표본이 될 수 있다고 말씀드릴 수 있겠습니다.

지금까지 다라니를 지송하기 전에 먼저 모든 중생들에 대해서 자비심을 일으키고 또 관세음보살님을 따르는 원을 발하는 부분을 설명드렸습니다. 그 다음에 여기서부터는 또 "이와 같은 원을 발한 다음에는 지극한 마음으로 저의 이름을 칭하여 염하며, 마땅히 저의 본사이신 아미타여래를 오직 생각하여야 합니다."라고 이렇게 대다라니경에 나와 있습니다. 대다라니경에 나와 있는 순서대로 천수경이 편집이 된 것입니다. "관세음보살님의 이름을 칭명하고 아미타여래를 염하여야 한다."고

한 이 부분을 보겠습니다.

5) 관세음보살 칭명

나무관세음보살마하살 나무대세지보살마하살
나무천수보살마하살 나무여의륜보살마하살
나무대륜보살마하살 나무관자재보살마하살
나무정취보살마하살 나무만월보살마하살
나무수월보살마하살 나무군다리보살마하살
나무십일면보살마하살 나무제대보살마하살
나무본사아미타불 나무본사아미타불 나무본사아미타불

이렇게 관세음보살님의 이름을 칭하고 아미타여래를 생각하는 그런 부분이 되겠습니다. 지금까지 본 부분들은 전부 다라니를 지송하기 전에 관세음보살님께서 이런 자비심, 이런 원, 또 이런 칭명을 하라는 대다라니경의 내용에 따라서 이렇게 하고 있는 것입니다.

나무관세음보살마하살南無觀世音菩薩摩訶薩 **나무대세지보살마하살**南無大勢至菩薩摩訶薩. 관세음보살님은 본래 범어로는 아발로키테슈와라 보디싸뜨와 마하싸뜨와 이렇게 됩니다. 이것을 관세음보살이라고 번역하신 분도 있고 관자재보살이라고 번역하신 분도 있습니다. 그 다음에 대세지보살마하살, 관음과 세지 양대 보살은 바로 아미타부처님의 좌우 보처입니다. 아미타부처님의 좌측에 관세음보살님이 모셔져 있고 우측에 대세지보살님이 모셔져 있습니다.

관세음보살님은 자비의 화현이고 대세지보살님은 지혜의 화현입니다. 위대한 정직 또는 지혜의 광명, 이런 것을 뜻하는 것이죠, 대세지보살님은. 아시다시피 불교는 자비와 지혜, 지혜와 자비를 동시에 추구하는 그런 종교입니다. 이것은 자력과 타력을 함께 쓴다는 것과도 일맥상통하는 얘기입니다. "자비 없는 지혜는 무미건조하고 지혜가 없는 자비는 무모하고 공허하다." 이렇게 말씀드릴 수가 있겠습니다.

자비가 없는 지혜, 이것은 자기 혼자만 알고 자기 혼자만 "좋구나" 하고 지내는 거니까 정말 무미건조할 수밖에 없죠. 혼자만 알고 혼자만 "좋구나" 하지 않고, 이 좋은 것들을 많은 사람들에게 전파해주고, 모든 사람들에게 법륜을 굴림으로써 고통에서 평화로 건네주는 이런 자비심이야말로 필수적인 요소가 되는 것이죠.

또 "지혜가 없는 자비는 공허하다"는 것은, 자비심을 베푸는 것도 다 지혜롭게, 사랑을 베푸는 것도 지혜롭게 베풀 줄 알아야지, 지혜가 없이 무조건대고 하다 보면 부작용도 생길 수 있고, 상대방이 엉뚱한 방향으로 받아들일 수도 있고 이렇다고 하는 것이죠. 그래서 "자비와 지혜, 타력과 자력, 이런 것들을 모두 함께 갈무리해서 극락정토로 간다." 이런 의미에서 바로 관세음보살님과 대세지보살님이 아미타부처님의 좌보처와 우보처 역할을 수행하고 있는 것입니다.

나무천수보살마하살南無千手菩薩摩訶薩 **나무여의륜보살마하살**南無如意輪菩薩摩訶薩 **나무대륜보살마하살**南無大輪菩薩摩訶薩. 여기서부터 나오는 보살님들의 명호는 관세음보살님의 또 다른 이름들이라고 아시면 되겠습니다. 관세음보살님은 너무나도 커다란 원을 세우셨기 때문에 몸뚱이 하나로는 감당이 안 되는 거죠. 그래서 여러 가지 모습으로, 여러 가지 몸으로 나투어서 중생들을 제도하기 위해서 활동을 하다 보니까 이런 여러 가지 별명을 갖게 된 것입니다.

그 중의 하나가 천수보살, 손이 천 개인 보살입니다. 말씀드린 것처럼 모든 중생들을 어루만져주고 감싸주어야 되기 때문에 손이 하나 가지고는 감당이 안 됩니다. 그래서 천 개의 손을 가진 보살마하살이 된 거죠.

보살은 보디싸뜨바, 마하살은 마하싸뜨바라고 합니다. 보디싸뜨바라고 하는 것은, 보디는 깨달을 각覺자, 싸뜨바는 유정有情, 중생들을 뜻합니다. 그래서 상구보리 하화중생, 즉 위로는 깨달음을 구하고 아래로는 중생들을 건져줍니다. 마치 이 세상에서 부처님과 중생들 사이에 다리 같은 역할을 하는 분입니다. 그래서 보살입니다. 보디싸뜨바, 각覺 유정有情, 각覺 중생衆生이죠. 마하살은 보살 중에서도 아주 커다란 원을 세운 보살님들을 마하싸뜨바, 마하살이라고 하는 것입니다. 위대한 존재, 보살 중에서도 위대한 보살님들, 그래서 마하싸뜨바입니다.

나무여의륜보살마하살 나무대륜보살마하살, 여의륜이나 대륜이나 다 바퀴를 뜻하죠. 륜輪은 바퀴입니다. 이것은 법륜을 얘기하는 것입니다. 여의(보)주의 삼매 속에 들어서 법륜을 굴리는 관세음보살님의 모습을 상징하는 것이고, 여의륜보살이나 대륜보살은 다 같은 분으로 중생들이 원하는 대로 부귀와 재산, 세력과 지혜를 주신다고 하는 그런 보살님입니다.

나무관자재보살마하살南無觀自在菩薩摩訶薩 나무정취보살마하살南無正趣菩薩摩訶薩 나무만월보살마하살南無滿月菩薩摩訶薩 나무수월보살마하살南無水月菩薩摩訶薩 나무군다리보살

마하살南無軍茶利菩薩摩訶薩. 관자재보살은 앞에서 말한 대로 아발로키테슈와라 보디싸뜨바 마하싸뜨바, 거룩한 관세음보살님을 뜻하는 것이고, 나무정취보살마하살—정취보살은 화엄경에 보면 53선지식의 한 분으로 출현을 하십니다— 이 분도 역시 관세음보살의 화현으로 볼 수 있습니다.

나무만월보살마하살 나무수월보살마하살, 관세음보살님이 벽지불의 모습으로 화현한 모습입니다. 수월관음 또는 만월관음, 이것은 다 같은 이름이라고 할 수 있습니다. 한때 수월관음도가 소더비경매장에서 아주 비싼 값으로 매매가 돼서 많은 사람들의 입에 오르내리게 된 적도 있었죠. 수월관음도를 보면 관세음보살님께서 벽지불의 모습—벽지불은 '성문, 연각' 할 때 인연법을 깨달은 부처님의 모습—을 하고 있고, 달이 보이고 있는 그런 그림입니다.

나무군다리보살마하살, 군다리라고 하는 것은 몸에 감추어진 신비한 에너지를 상징합니다. 이 힘이 승화되면 불사의 감로수를 얻게 된다 해서 감로관음이라고도 불리우는 분이 군다리보살입니다. 실로 이것은 "우리 몸에는 모든 것이 다 갖추어져 있다."고 하는 그런 의미를 지니고 있습니다. 우리들은 누구나 다 생명 에너지를 갖추고 있습니다. 생명 에너지를 잘 선용하면 우리도 군다리보살 같은 대보살이 되는 것이고,

악용을 하면 지옥이나 아귀나 축생 같은 그런 곳에 떨어지게 된다고 하는 것입니다.

나무십일면보살마하살南無十一面菩薩摩訶薩, 이 분은 아주 유명하죠. 십일면이라는 것은 얼굴이 열한 개라는 의미가 되겠습니다. 정면의 세 얼굴은 자비의 표현, 좌측의 세 얼굴은 분노, 우측의 세 얼굴은 이빨이 치솟은 모습, 뒤에 있는 한 얼굴은 웃는 모습, 그 다음에 꼭대기, 정상의 한 얼굴은 아미타불의 변화신을 나타내고 있습니다. 이렇게 열한 개의 얼굴을 하고 계십니다.

그만큼 중생들을 제도하기 위해서는 수많은 얼굴들이 필요하다고 하는 상징적인 의미를 가지고 있습니다. 중생들을 제도하기 위해서는 항상 웃기만 해서 제도되는 것도 아니고, 성질만 내서 제도되는 것도 아니고, 때로는 자비심도 베풀었다가 때로는 분노하는 모습도 보여줬다가 이런 식으로 여러 가지, 갖가지 방편을 통해서 중생들을 제도하기 위해서 이런 열한 개의 얼굴을 가지고 계신 것이죠.

살아가다 보면 약간 분노의 모습 내지는 남을 타일러야 되거나 하는 경우가 생겨나죠. 그럴 때, 그러면 매일 웃기만 하느냐? 그건 아니죠. 역시 타이를 때는 타이르고 그릇된 것을 표현할 때는 표현을 해야 하는 것이죠. 그러나 그것을 할 때 "무위심으로 해야 된다. 그래야 업이 안 된다."는 것입니다.

이것을 내 성질에 내가 못 이겨서 열 받아서 하면 그것이 업이 됩니다. 상대방도 그걸 느낍니다. '아, 저 사람이 지금 성질이 나서, 자기 스스로도 감당이 안 돼서 저렇게 나한테 퍼붓고 있구나. 어디 두고 보자.' 이럽니다.

그러니 상대방에게 짚어줄 일이 있고 또 자기 의사표현을 분명히 해야 될 때가 있으면 어떻게 하느냐. 일단 마음을 가라앉혀야 됩니다. 마음을 가라앉힌 상태에서 차분하게 자기 의사표현을 확실하게 해 주는 것이 오히려 더 큰 효과를 가져옵니다.

아이들을 타이를 때도 마찬가지입니다. 간혹 보면 주부들 가운데 아이들하고 매일 싸우는 주부들이 있어요. 만날 소리 지르고 성질 내고…, 그런다고 아이들이 고쳐집니까? 안 고쳐집니다. 왜 그럴까요? 자기 성질에 못 이겨서 성질을 내고 소리를 지르니까 아이들이 다 읽어버리는 거죠.

'아, 당신 마음 살림살이가 그것밖에 안 되는구만. 마음 살림살이가 그것밖에 안 되면서 나를 왜 고치려고 그러우. 자기 마음도 못 닦으면서 내 마음을 닦으려고 그래. 나를 왜 변화시키려고 그래.' 이런 마음이 저절로 마음속에 드는 겁니다. 그러니까 마음에 안 들고 성질 낼 일이 있더라도 그 자리에서 분에 못 이겨서 성질을 내고 그러면 바로 내 살림살이를 드러내는 게 되어버립니다.

어찌됐든 일단 한 템포 죽여서 자기 마음을 "나무관세음보살" 해가지고, 성질이 나더라도 "나무관세음보살" 해가지고 한 풀 죽여서 마음을 가라앉힌 다음에, 그 다음에 차분하게 아이와 같이 앉아서 선先은 이렇고 후後는 이런데 이렇게 하면 되겠느냐, 알아듣기 좋게, 알아듣기는 좋지만 분명하고 확실하게 의사표현을 할 때 오히려 아이들이 두려워하고 그것을 진짜 잘못했구나 하고 인정을 하게 되는 것입니다.

그렇지 않고 성질이 나서, 성질에 못 이겨서 하게 되면 자기의 살림살이를 그냥 드러내는 게 되어서, '제 살림살이도 저 정도밖에 안 되면서 뭘 남을 고치려고 그래', 그런 마음가짐이 겉으로 표현을 안 할지라도 속에 은근히 들게 될 수 있다는 것입니다.

나무제대보살마하살南無諸大菩薩摩訶薩, 제대보살은 모든 큰 보살이라는 뜻이죠. 큰 서원을 발한 이는 모두 다 큰 보살이 되는 것입니다. 보살심을 가진 이가 보살이죠. 보살이 있어서 보살행을 하는 것이 아니고, 보살행을 하는 자가 보살이라는 것입니다. 불교에서는 고정불변의 실체로서의 존재를 인정 안 합니다. 다시 말해서 어떤 존재, 보살이 딱 정해져 있어서 그 사람이 보살행을 하는 게 아닙니다. 보살행을 하는 이가 보살이라고 하는 것이죠. 그 사람의 행위에 따라서 그 사람의 정체성이 결정되는 것이지, 정체성이라는 것이 고정되어 있는 게 아니라고 하는 것이죠. 이것이야말로 부처님의 가르침입니다.

부처님께서는 2,600년 전에 인도 땅에서… 지금도 인도에 배낭여행을 다녀 보면 계급제도가 굉장히 철저합니다. 서로 자기네끼리 계급을 압니다. 그런데 그 당시에는 얼마나 철저했겠습니까, 이천 몇백 년 전인데. 그 당시에 바로 그런 말씀을 하셨죠. "사람은 출생에 의해서 귀천이 정해지는 것이 아니다. 그 사람의 행위에 의해서 귀천이 정해진다." 얼마나 멋진 말입니까. 정체성은 타고나는 것도 아니고 고정된 것도 아니라는 것입니다. 그 사람이 귀한 행위를 하면 귀인이고, 그 사람이 천박한 행위를 하면 천박한 사람이지 미리 정해져 있는 게 아니라는 것입니다.

그 사람이 보살행을 하면 보살이라고 하는 것이죠. 그래서 우리들도 누구나 다 바로 이 자리에서 큰 서원을 발해서 그것을 행한다면 대보살이 되는 것입니다. 여러분이나 저나. 나무제대보살마하살은 다름 아닌 바로 여러분과 저를 칭하는 말입니다. 바로 지금 이 자리에서 "법륜을 굴리겠습니다" 이런 발원을 세워서 그것을 자기 능력이 되는 대로 실천해 나가면 여기서 우리가 큰 보살이 되는 것입니다.

나무본사아미타불, 마지막에 본사本師, 본래의 스승이신 아미타부처님께 돌아가 의지합니다. 관세음보살님의 본사는 아미타부처님이죠. 그래서 "본사아미타불" 합니다. 관세음보살님의 화관에 보면, 아미타부처님을 항상 시봉하고 다니실 정도로 본래의 스승을 아주 존중하죠.

그러면 여러분과 저의 본사는 누구일까요? 우리의 본사는 석가모니부처님이시죠. 시아본사是我本師 석가모니불. 석가모니부처님께서 인도 땅에 오셔서 불법을 펴지 않으셨다면, 우리가 지금 아미타부처님이나 관세음보살님조차도 사실은 알 수가 없었을 것입니다. 그래서 화신불, 즉 석가모니불이 오신 덕분에 우리가 보신불인 관세음보살님, 아미타부처님도 알게 되고, 법신불인 비로자나불, 본마음 참나 자리도 알게 됐다고 하는 것이죠. 그러니까 우리의 본래 스승은 석가모니부처님입니다.

이처럼 화신불, 몸뚱이야말로 중요한 것입니다. 몸뚱이가 있는 덕분에 마음을 더 잘 알게 됐고, 덕분에 본마음도 우리가 알 수 있는 것입니다. 여기까지 마치고 천수경의 본론인 신묘장구대다라니를 시작하도록 하겠습니다.

2. 신묘장구대다라니

앞에서 천수경은 크게 세 부분으로 나눌 수 있다고 말씀드렸습니다. 신묘장구대다라니가 가장 핵심내용이 되겠고, 신묘장구대다라니의 앞부분에 있는 내용들은 대다라니를 열기를 청하는 부분입니다. 그 다음에 신묘장구대다라니의 뒷부분의 내용들은 다라니를 마치고 나서 참회와 발원을 하는 부분이 되겠습니다. 즉 '신묘장구대다라니야말로 천수경의 가장 핵심적인 부분이다'라고 말씀드릴 수 있습니다. 다라니를 먼저 읽어보고 한 대목씩 풀이를 하는 순서로 진행하겠습니다.

신묘장구대다라니

나모라 다나다라 야야 나막 알야 바로기제 새바라야 모지사다바야 마하사다바야 마하가로 니가야 옴 살바 바예수 다라나 가라야 다사명 나막가리다바 이맘 알야 바로기제 새바라 다바 니라 간타 나막 하리나야 마발다 이사미 살발타 사다남 수반 아예염 살바보다남 바바마라 미수다감 다냐타 옴 아로계 아로 가 마지로가 지가란제 혜혜하례 마하모지 사다바 사마라 사마 라 하리나야 구로구로 갈마 사다야 사다야 도로도로 미연제 마하미연제 다라다라 다린나례 새바라 자라자라 마라 미마라 아마라 몰제 예혜혜 로계 새바라 라아 미사미 나사야 나베사미 사미 나사야 모하자라 미사미 나사야 호로호로 마라호로 하례 바나마나바 사라사라 시리시리 소로소로 못쟈못쟈 모다야 모다야 매다리야 니라간타 가마사 날사남 바라 하라나야 마낙 사바하 싣다야 사바하 마하싣다야 사바하 싣다 유예새바라야 사바하 니라간타야 사바하 바라하 목카싱하 목카야 사바하 바나마 하따야 사바하 자가라 욕다야 사바하 상카섭나네 모다 나야 사바하 마하라 구타다라야 사바하 바마사간타 이사 시체 다 가릿나 이나야 사바하 먀가라잘마 이바 사나야 사바하 나모라 다나다라 야야 나막알야 바로기제 새바라야 사바하 나모라 다나다라 야야 나막알야 바로기제 새바라야 사바하 나모라 다나다라 야야 나막알야 바로기제 새바라야 사바하 여기까지가 신묘장구대다라니의 내용입니다. 다소 긴 듯한 다라니죠. 관세음보살님과 삼보에게 귀의를 하고, 또 관세음보살님에 대한 찬탄, 기원 등의 내용으로 이루어져 있습니다.

먼저 한 소절씩 그 뜻을 살펴보도록 하겠습니다.

1) 자비의 화신, 관세음보살

"**나모라 다나다라 야야**"로 시작합니다. "나모 라다나 다라야야" 인데, 지금 우리가 읽고 있는 독송은 띄어쓰기가 잘못된 부분이 많이 있습니다. 그런 띄어쓰기 부분을 잘 맞춰가면서 원문을 한 번 읽고 뜻을 풀이해 나가는 방식으로 진행하겠습니다.

우리가 보통 읽을 때는 "나모라 다나다라 야야"로 읽는데, 범어본의 문장을 보면 "나모 라다나 다라야야" 이렇게 읽는 것이 맞습니다. "나모 라뜨나 뜨라야야"를 번역한 것이죠. "나모"라는 것은 "귀의하다"라는 뜻이고, "라뜨나 뜨라야야"가 삼보라는 것이죠. "라뜨나"는 "보석"을 뜻하고 "뜨라야야"는 "세 가지 것"의 의미를 갖습니다. 그래서 "세 가지로 된 보석에 귀의합니다" 이런 뜻이 되겠습니다. 세 가지로 된 보석이라는 것은 불법승 삼보를 이야기하죠. 부처님과 부처님의 가르침, 또 그 가르침을 따르는 제자들, 이것이 바로 불법승 삼보가 되겠습니다.

불법승 삼보가 이 세상에 출현하신 덕분에 우리가 비로소 불교를 알게 되고, 또 비로소 대자유인이 어떤 것인지를 알게 된 것이죠. 부처님께서 이 세상에 오기 전까지는 우리는 재물에 종속된 존재, 또는 신에게 종속된 존재, 그래서 나의 행복과 평화를 위해서는 신에게 의지를 하거나, 재물에 의지를 하거나, 어떤 무언가 밖의 것, 그것이 정신적 존재이든 물질적 존재이든 어떤 것이든 간에 밖에 있는 그 무엇에 의지해야만 평화를 얻을 수 있다고 많은 사람들이 생각했습니다.

그런데 부처님께서 가르침을 펴고 그 제자들이 가르침을 전수하면서, "아니다. 우리는 이미 행복과 불행의 모든 요소들을 스스로 갖추고 있다. 나 자신이야말로 인因이고 외부—정신적 존재이든 물질적 존재이든—의 요건은 연緣에 불과한 것이다. 인이야말로 주관적 요인이고 연은 객관적 요인이다."라는 것들을 분명하게 알게 됐죠.

그래서 부처님 덕분에 우리가 대자유인이 되는 길을 찾았다고 할 수 있습니다. 그렇지 않았으면 우리는 정신적 존재 또는 물질적 존재를 주인으로 섬기고, '나는 그 주인의 종노릇을 할 수밖에 없다.'고 이렇게 생각을 했었을 텐데, 부처님이 오심으로서 '자기야말로 자신의 주인이다, 어떤 주인이 따로 있겠는가, 자기를 잘 다룰 때 얻기 힘든 주인을 얻을 수 있다.'는 것을 알게 된 것이죠. 그래서 대자유인이 될 수 있는 것이고요.

종은 자유가 없습니다. 종속되어 있기 때문에 자유가 없죠. 자유가 있다고 해도 종속된 그 범위 내에서 자유가 있게 됩니다. 그러나 불법승 삼보 덕분에 우리가 참자유인 · 대자유인이 될 수 있는 길을 발견했고, 참자유인 · 대자유인이 될 수 있다는 확신을 갖게 되었죠. 그러기 때문에 삼보에게 귀의할 수밖에 없는 것입니다.

"**나막 알야 바로기제 새바라야 모지사다바야**", 뜻은 "거룩한 관자재보살님께 귀의합니다"라는 내용이 되겠습니다. 본래 "나마 아리아 아발로키테슈와라야 보디쌋뜨와야"로, "아발로키테슈와라야"는 바로 관자재보살 또는 관세음보살님을 말합니다. "거룩한 관세음보살님께 귀의합니다."

앞서 삼보에 귀의했고, 또 특별히 관세음보살님께 귀의하는 내용으로 신묘장구대다라니가 시작되는 것이죠. 왜냐? 다라니야말로 관세음보살님의 덕을 찬송하고 관세음보살님의 가피를 기원하는 그런 내용으로 되어 있기 때문입니다.

그렇다면 관세음보살님이 과연 어디에 계시는가? 관세음보살은 아니 계신 곳이 없습니다. 우리가 기도를 할 때에는 확신을 가지고 해야 합니다. 내가 관세음보살을 염할 때 '관세음보살님께서 항상 나를 쳐다보고 계시고, 나에게 빛을 흠뻑 내려주고 계신다. 나의 말을 들어주고 계신다. 다 알고 계신다.' 이런 확신을 하고 하는 기도와, '관세음보살이 진짜 계실까? 진짜 계신다면 어디에 계실까? 계신다면 그냥 마음속에 있는 건 아닐까?' 긴가민가 하는 마음으로 하는 기도는 엄청난 차이가 있다고 봅니다.

실제로 많은 분들이 기도를 해서 관세음보살이나 다른 불보살님들을 뵈었습니다. 관세음보살이나 아미타불은 보신불입니다. 보신불은 바로 마음으로 나투신 부처님입니다. 마음으로 나투신 부처님은 육안으로는 볼 수 없습니다. 그러나 마음의 눈이 뜨인 분이나 또는 지극정성으로 기도하는 분들은 꿈속에서라도 볼 수 있다는 것이죠.

제가 살고 있는 쌍계사에서 조금 올라가면 칠불사가 있습니다. 과거에는 칠불암이라고 쌍계사의 산내 암자였는데, 지금은 중창불사를 잘 해놓아서 사寺로 승격이 되어 칠불사가 되었습니다. 지금의 쌍계사 강주스님께서 칠불사를 복원하셨습니다.

칠불암을 복원하실 때, 6.25때 다 타버려서 거의 과거의 모습을 찾아볼 수가 없었다고 합니다. 그런 폐허더미 위에서 지금과 같은 번듯한 모습으로 복원을 하는 데는, 무엇보다도 불보살님의 가피력에 의지하셨습니다. 그래서 기도를 하셨던 것입니다. 기도를 열심히 하다 보니 100일기도를 거의 마쳐갈 즈음에 관세음보살님께서 나투셔서 커다란 열쇠꾸러미를 건네주시더랍니다. 그러시면서 하시는 말씀이, "그대가 아무리 서둘러도 10년은 더 걸릴 것이다." 하면서 열쇠꾸러미를 주고 가시더랍니다. 기도할 때 어떤 마음가짐으로 기도를 하셨냐 하면, '10년 안에 불사를 다 마치고 공부하러 다녀야겠다.'라는 마음으로 기도를 하셨답니다. 그런데 아무리 서둘러도 10년은 더 걸린다고 하고 열쇠꾸러미를 주고 가셨고, 그 이후로 불사가 원만하게 척척 진행되어 15년 정도에 걸쳐서 불사를 어느 정도 마무리하게 되었답니다.

또 쌍계사를 중창하신, 지금 쌍계사 조실 큰스님께서도 30여 년 전에 처음 쌍계사 주지로 부임해 오셨는데, 그때 와보니까 성한 건물이 제대로 없고…, 지금과 같은 이런 모습이 아니었다고 합니다. 그래서 중창불사를 위해서 역시 대웅전에서 기도를 하셨습니다. 기도를 하시는데, 며칠 만에 – 대웅전 가운데 석가모니 부처님의 상이 있고 왼쪽에 문수, 오른쪽에 보현보살님이 계시죠 – 문수 보살상이 갑자기 동자의 모습으로 변하더니 통통통 뛰어 내려와서 "쌍계사의 불사를 하려거든 아무개를 만나보거라."라는 말씀을 하고 가시더랍니다. 그리고 얼마 안 있다가 아니나 다를까, 그 사람을 만나 이야기를 하면서 불사의 착수금이 생기게 되었고, 그때부터 그것을 발판으로 하여서 불사를 척척 진행하게 되었다 합니다.

또 한 해는 기도를 하니까 "올해는 다른 불사는 하지 말고 범종각과 종각을 세우거라. 그런데 종은 일본인을 만나서 시주를 받도록 하거라." 이런 지혜를 주시더랍니다. 그래서 그대로 그 사람을 만나서 종각과 종의 시주를 받았어요. 지금도 쌍계사 범종에는 시주한 일본사람 이름이 적혀 있습니다. "왜 일본사람에게 시주를 받아야 합니까?" 했더니 "쌍계사에 있던 대종을 일제시대 때 공출해 갔기 때문에 그들이 그것을 다시 시주를 해야 한다." 이런 지혜를 주셔서 그대로 이야기했더니 순탄하게 진행이 되었다고 합니다. 이것 또한 직접 들은 이야기입니다.

저도 국사암에 한 십여 년 전에 처음 올라가서 살게 되었는데, 그때 백중기도를 하게 되었습니다. 7월칠석부터 백중날까지, 열심히 기도를 해서 백중 회향하는 날, 회향·봉송진언을 소대에서 위패를 태우면서 하고 있었습니다. 그때 허공 가운데 아미타부처님과 사대보살님들이 나투셔서 직접 목격한 사실이 있습니다. 그때 기도도 잘 되고 기분도 얼마나 좋던지 정말 몸과 마음이 정갈해지는 체험을 할 수 있었죠. 한가운데에 아미타부처님, 좌우측으로 관음·세지보살님, 상하로 문수·보현보살님, 이렇게 아미타부처님과 사대보살님들이 허공에 쫙 나투는 모습을 직접 친견했기 때문에 확신을 가지고 권장을 할 수 있는 것이죠.

그래서 이런 정신적 존재들은 분명히 계시다는 것입니다. 그러나 한편으로 유념해야 할 것은, 그분들은 우리를 도와주시는 분들이지 나를 대신해 줄 수는 없다는 것입니다. 내 대신 밥을 먹어주거나 내 대신 잠을 자주거나 내 대신 공부를 해 줄 수는 없습니다. 내 대신 깨달아줄 수도 없습니다. 그러나 도와줄 수는 있다는 것입니다. 그래서 가피加被라고 하는 것이죠. "더함을 입는다. 더함을 입혀주신다." 내가 노력하고, 또 그분들의 가피를 입고…. 그분들은 우리를 도와주는 후원자-스폰서-이지 그분들을 굳이 주인님으로 모시고 '내가 당신의 종입니다' 이렇게 할 필요는 없다는 것입니다.

그런 정신적 존재는 인정하되 내가 그분들의 종이 되려고 할 필요는 없고, 얼마든지 떳떳하게 나도 큰 서원을 세우면 대보살이라고 하는 것이죠. 그래서 큰 서원을 세운 보살로써 그분들의 도움을 흠뻑 받는 것, 이것이야말로 자력과 타력을 함께 쓰는 비결입니다. 그러기 위해서는 "법륜을 굴리겠습니다." 하는 그런 큰 서원을 세우면 된다는 것이죠.

그래서 "관자재보살님께 귀의합니다."라고 하는 것입니다. 관자재보살님은 성스러운 우주적 자비와 지복의 파동을 지닌 대보살님입니다. 관세음보살님이야말로 부처님의 자비의 화신입니다.

2) 33응신 관세음보살

"**마하사다바야 마하가로 니가야**"는 "마하 쌋뜨와야 마하 까루니까야"라는 범어에서 유래한 말이고, 그 뜻은 "위대한 존재이신 대비, 큰 대비심을 가진 분께", 이런 의미가 되겠습니다. 위대한 존재이신 '마하 쌋뜨와', 위대한 존재죠. "대비심, 큰 대자대비심을 가진 분께."

이 관세음보살님이야말로 대자대비의 화신입니다. 자慈는 말을 잘 듣고 믿는 중생들을 어여뻐서 사랑하는 것이고, 비悲는 말을 잘 안 듣고 믿지도 않는 중생들조차도 가엾어서 사랑하는 것으로, 이것이야말로 참다운 사랑입니다. 내 말을 들으면, 나를 믿고 따르면 사랑해서 천당에 보내주고, 나를 안 믿고 따르지 않으면 미워해서 지옥에 쳐 넣는 것, 이것은 참다운 사랑이 아닙니다. 관세음보살님이야말로 대비심, 위대한 대비심을 가지신 분이라는 것입니다.

"옴 살바 바예수 다라나 가라야", 이것은 "옴 싸르바 바예수 뜨라나 까라야"입니다. "옴, 모든 공포에서 피난처를 베푸시는 분께"라는 의미입니다.

모든 공포에서 피난처를 베푸시는 분, 심지어 불교에서는 지옥조차도 '자비'지옥이라는 말을 붙입니다. 지옥이라는 곳이, 말 안 듣고 안 믿으니까 영구히 그곳에 쳐박혀서 도저히 구제될 길이 없다, 이게 아닙니다. 비록 한때의 실수로 또는 어리석음으로 인해서 그릇된 생각과 그릇된 행동을 했더라도 그곳에서 다시금 자기를 돌이켜보는 시간을 갖고 다시 벗어날 수 있다는 것이죠. 자비지옥이기 때문에. 그래서 그곳에서도, 아무리 죄를 많이 지은 사람이 지옥에 떨어졌다 할지라도 지장보살님, 관세음보살님 이런 보살님들께서 구제해 주신다고 하는 것이죠.

제가 농담 삼아 그런 얘기를 합니다. 혹시라도 죽어서 염라대왕 앞에 갔을 때 염라대왕이 "지옥으로 보내거라." 이러면 얼른 "잠깐만!" 하고 이렇게 말해야 됩니다. "저를 지옥으로 보내시려면 불교지옥으로 보내주시오." 그래야 구제될 기약이 있지 혹시라도 다른 종교지옥에 떨어지면 구제될 기약이 없습니다. 끝입니다, 그것으로. THE END입니다. 다른 종교의 지옥은 단막극이기 때문에.

그러나 불교의 지옥은 연속극입니다. 지옥에 태어나더라도 거기서 자기 자신을 단련하고 또 관세음보살님, 지장보살님같은 이런 분들의 자비심, 대비심에 힘입어서 얼마든지 벗어날 수 있다고 하는 것입니다. 그러니까 희망이 있는 자비지옥인 것이죠. 그래서 "관세음보살님은 모든 공포에서 피난처를 베푸시는 님"인 것입니다.

"옴 살바 바예수"에서 "옴"은 본래 인도에서 옛날부터 전해오는 말인데, "영혼의 언어다, 진언의 처음에 놓이는 비밀한 말이다, 또는 신에게 기원할 때 감탄사다" 이런 뜻을 지니고 있습니다. 대승불교에 오면서는 "모든 창조·유지·소멸하는 성스러운 진동파" 이런 의미로서, 말하자면 법신불·보신불·화신불을 상징하는 그런 소리로서, 아주 상징적인 소리입니다. 그래서 "일체의 공포에서 수호해 주신다, 우리에게 피난처를 베푸시는 그런 분이다, 어떤 재난을 당하더라도 관세음보살을 염하게 되면 그 재난에서 벗어날 수 있다"는 것이죠. 관음경 —법화경의 관세음보살보문품을 관음경이라 합니다—에 보면 "관세음보살을 염하는 힘으로 일곱 가지 구체적인 재난에서 벗어날 수 있다."고 나와 있습니다.

첫째는 불에 의한 재난, 둘째는 물에 의한 재난, 셋째 바람에 의한 재난, 넷째 칼과 몽둥이 등의 폭력에 의한 재난, 다섯째 야차나 나찰 등의 잡귀에 의한 재난, 여섯 번째 수갑이나 족쇄·칼·쇠사슬에 매달린 재난, 일곱 번째 원한이 있는 사람이나 적군에 의한 재난, 이런 재난으로부터 벗어날 수 있다고 하는 것이죠. 이 모든 재난과 두려움의 원천은 본질적으로 죽음에 있지요. 몸뚱이가 죽는다는 것에 대한 두려움과 공포, 재난, 이런 것들에서, 바로 "나무대비관세음 관세음보살마하살" 할 때 벗어날 수 있다는 것입니다.

"**다사명 나막가리다바**"는 "따쓰마이 나마하 끄리뜨와"로, "님에게 귀의하고 나서"라는 뜻이 되겠습니다. 지금까지는 삼보와 관세음보살님께 귀의하는 내용이고, 여기서부터는 관세음보살님의 자비를 찬탄하는 내용이 되겠습니다. 님에게 귀의하고 나서, 관세음보살에 대한 찬가를 부르게 됩니다.

"**이맘알야 바로기제 새바라 다바**"라는 것은 "이맘 아리야 아발로키테슈와라 쓰따밤"이 되겠습니다. "이 관세음을 찬탄하여", 지금부터는 관세음보살님을 찬탄하는 내용이라는 것이죠.

"니라 간타 나막 하리나야 마발다 이사미"는 "닐라깐따 나마 흐리다얌 아바르따이시야미"가 되겠습니다. "목에 푸른빛을 띤 그 마음을 노래합니다"의 뜻이죠. "목에 푸른빛을 띤 그 마음"이라는 것은, 중생들을 위해서 윤회의 바다에 풀어져 있는 독사의 독을 마셔서 없애버리는 관세음보살의 대 자비심을 뜻합니다. 동시에 독사의 독을 마시고도 죽지 않는 관세음보살의 불사不死를 상징하는 것입니다. "목에 푸른빛을 띤 님"이라는 것은 청경존靑頸尊이라고 하는데, "푸른 목을 가진 존귀한 분"이라는 말이죠.

청경존, 왜 푸른 목을 갖게 되었느냐면, 독사가 푸른 독을 내뿜어서 모든 중생들이 위험한 지경에 처하게 되었을 때 관세음보살님께서 그 독사의 독을 한꺼번에 마셔버렸습니다. 그리고 삼키지 않고 목에 두었기 때문에 그 푸른 독사의 독이 목에 푸른빛을 띠게 만들었다는 것이죠. 즉 중생들을 위한 관세음보살님의 대자비심을 뜻하는 것입니다. 또한 그러고도 죽지 않는 불사의 마음, 불사의 정신, 이런 것을 뜻하는 것입니다. "목에 푸른빛을 띤 그 마음"이라는 것은 대자비심, 죽지 않는 불사의 마음, 이런 상징적인 의미를 가지고 있다고 말할 수 있겠습니다.

“**살발타 사다남 수반 아예염**”은 “싸르와르타 싸다남 슈밤 아제양”으로 “모든 요익을 성취하게 하고, 아름답고, 견줄 수 없는 그 마음을”의 뜻입니다. “모든 요익을 성취하게 한다”, 이것은 바로 자리이타自利利他 자각각타自覺覺他, 바로 보살심을 이야기하는 것이죠. 이 관세음보살님의 서원은 너무 위대하기 때문에, 대자대비의 원력을 갖추고 있기에, 모든 요익을 다 성취하게 해 주신다는 것입니다.

예를 들어서 혹시 불구덩이에 밀려 떨어질 때에도 “나무관세음보살” 하면 불이 꺼져서 연못으로 변하고, 망망대해에 표류할지라도 “나무관세음보살” 하면은 안전한 곳으로 대피하게 되는 것이고, 수미산에서 밀려 떨어지더라도 “나무관세음보살” 하면은 그대로 공중에 머물고, 이럴 정도로 “나무관세음보살” 이 말에는 엄청난 요익을 성취하게 하는 힘이 갖추어져 있다는 것입니다.

관세음보살님께서 서원·원력을 세워서 우리 중생들을 천수천안으로서 보살피고 계시기 때문에 우리가 어떤 위태로운 경우에 처하거나, 어떤 바라는 바가 있을지라도 모두 “나무관세음보살” 해서 관세음보살님께 절실하게 귀의한다면 그것이 이루어진다는 것이죠.

“아름다운 마음”이라는 것은, 관세음보살님의 대자비심이야말로 사실은 모성애 이상의 가장 아름다운 모습입니다. 그래서 관세음보살님은 보통 보면 여자의 상호相好, 치장한 황후의 모습으로 잘 나타나죠. 그러나 사실은 관세음보살님은 이원성을 초월해서 있습니다. 그냥 우리의 바람에 의해서 가장 아름다운 모습으로 상징적으로 나타나고 있을 뿐이지 사실 남자나 여자의 모습을 다 초월하고 있는 것입니다.

제가 몇 년 전에 중국의 보타낙가산에 참배를 간 적이 있습니다. 보타산에서 참배를 하고 하룻밤 자고 그 다음날 낙가산으로 가기 위해서 준비를 했죠. 보타산에서 자고 깰 때쯤 비몽사몽간에 관세음보살님께서 나타나셨어요. 그런데 언뜻 보니까 오히려 남자처럼 생기셨더라고요. 얼굴이 하얗고 눈썹이 까만 분이 나타나셔서 "소원을 얘기하거라." 이렇게 말씀을 하시는데 남자 같기도 하고 여자 같기도 하고, 아무튼 언뜻 보기에는 남자의 모습 같은 그런 모습을 하고 계셨습니다.

원래 관세음보살님은 이원성을 초월해 있기 때문에 남자다 여자다 얘기할 수가 없고, 남자의 몸으로 제도할 자에게는 남자의 몸을 나투어서 제도하고, 여자의 몸으로 제도할 자에게는 여자의 몸을 나투어서 제도하고, 신의 모습으로 제도할 자에게는 신의 모습으로 나투어서 제도하고, 이렇게 서른세 가지 응화신이 있는 거죠. 서른세 가지 몸이 있기 때문에 어떠한 모습으로도 나투어서 제도하는 분입니다. 그래서 굳이 "여자다, 남자다"라고 하기가 쉽지 않은 그런 부분이 있습니다.

"견줄 수 없는 그 마음을", 이 겨룰 수 없는 마음은 바로 자비무적이라 하는 것이죠. 관세음보살은 대자대비심을 가지고 있기 때문에 대자대비심 앞에서는 누구도 견줄 수가 없고, 정복할 수가 없다고 하는 것입니다. 투쟁심은 정복당할 수 있지만 대자대비심은 저 커다란 바다와 같아서, 저 낙동강 물이든 섬진강 물이든 영산강 물이든 그저 다 받아들이는 그런 커다란 마음이죠. 그런 큰 포용심 앞에서는 겨룰 수가 없죠. 들어가서 한 바다가 될 뿐이죠. 남해바다가 되는 것이죠. 낙동강 물이, 영산강 물이, 또는 섬진강 물이 바다에 들어가서 바다와 겨룬다고 하는 것은 어불성설이라고 할 수 있습니다.

"**살바보다남 바바마라 미수다감**"은 "싸르바 보따남 바바 마르가 비숟다깜"으로 "모든 뭇 삶들의 윤회의 길을 청정하게 하는 그 마음을"의 뜻입니다. 이것은 모든 중생들의 윤회의 길을 청정하게 한다는 의미로, 바로 앞에서 말씀드린 서른세 가지의 변화신을 말합니다.

"성자로서의 세 가지 화현化現, 부처 · 벽지불 · 성문의 몸으로 구제되어야 할 자에게는 곧 그런 몸으로 구제하시고, 그 다음에 신으로서의 여섯 가지 화현, 범왕 · 제석 · 자재천 · 대자재천 · 전륜성왕 · 사천왕—이런 분들이 다 신입니다. 하느님들입니다. 불교에서는 신의 존재를 인정하고 또 신도 이렇게 여러 신들이 있습니다. 범왕천 · 제석천 · 자재천 · 대자재천 · 전륜성왕 · 사천왕, 이렇게 대표적인 여섯 신만 들은 것입니다—, 이렇게 신으로 나투어서 설법할 자에게는 신의 모습을 나투어서 설법하십니다.

또 인간으로서의 다섯 가지 화현, 왕 · 장자 · 거사 · 관료 · 사제, 이런 몸으로 설법할 자에게는 이런 몸을 나투어서 설법을 하시고, 또 불자로서의 네 가지 모습, 비구 · 비구니 · 재가 남녀 신도, 이렇게 네 가지 모습으로 설법할 자에게는 네 가지 모습으로 설법하시고—그러니까 남자 몸 여자 몸 걸림없이 나투신다고 하는 것이죠—, 인간계의 부녀로서의 네 가지 화현, 장자 · 거사 · 관료 · 사제의 아내의 몸으로 구제되어야 할 자에게는 곧 장자 · 거사 · 관료 · 사제의 아내의 몸을 나투어서 설법하시고, 동남동녀童男童女의 몸으로 구제되어야 할 자에게는 곧 동남동녀의 몸을 나투어서 설법하시고, 팔부중—천룡팔부에서 팔부신장이 있죠—, 천신 · 용 · 야차 · 건달바 · 아수라 · 가루라 · 긴나라 · 마후라가 · 인비인 등의 몸으로 구제되어야 할 자에게는 각기 이들의 몸을 나투어서 설법하시고, 금강신의 몸으로 구제되어야 할 자에게는 곧 금강신의 몸을 나투어서 설법하신다." 이렇게 서른세 가지 몸을 나투어서 중생들을 윤회의 길에서 청정하게 만들어 주신다고 하는 것입니다.

3) 풍요와 생명의 수호신, 관세음보살

"**다냐타 옴 아로계 아로가 마지로가 지가란제 혜혜하례 마하 모지 사다바**"에서 "다냐타"는 "따디야탐"으로, "그것은 다음과 같습니다."라는 뜻이 되겠습니다.
지금까지는 관세음보살님께 귀의하고 찬탄하는 내용이었고, 여기서부터는 기원, 어떤 것을 바라는, 관세음보살님께 기원하는 내용이 되겠습니다.

"옴 아로계 아로가 마지로가 지가란제"는 "옴 알로께 알로까 마띠 로까띠그란떼"가 되겠습니다. "옴, 빛이여! 지혜의 빛을 지닌 님이여! 세상을 뛰어넘은 님이시여!"라는 의미입니다. 관세음보살님의 자비는 바로 빛으로 표현될 수 있습니다. 그래서 "자비의 빛, 지혜의 빛, 세상을 뛰어넘은 님이시여."가 됩니다. 자비는 지혜를 바탕으로 합니다. '조견오온개공照見五蘊皆空 도일체고액度一切苦厄'이라고 반야심경에 나오죠? 오온이 다 공한 것을 비추어보고 일체의 괴로움을 여의었다는 뜻입니다. 이렇게 오온이 공함을 비추어보는 지혜로써 본인도 괴로움을 여의고 또 남들도 그런 괴로움을 여의게끔 대자비심을 일으킨 분, 그게 관세음보살님이시죠. 그래서 "관세음보살님은 지혜의 빛을 지닌 님이시고, 세상을 뛰어넘은 님이시다."는 것입니다.

색즉시공色卽是空 공즉시색空卽是色, 색즉시공이라는 것은 "눈에 보이는 이런 모든 세계는 공한 것이다. 고정된 실체가 없는 것이다." 이런 소리죠. 공즉시색이라는 것은 "고정된 실체가 없다는 것은 곧 바로 지금 여기에서 이 모습이야말로 진리의 모습이다." 이런 소리가 되겠습니다. "바로 지금 여기에서 이 모습을 떠나서 진리라는 것이 따로 있는 것도 아니다." 이런 소리가 되겠죠. 그래서 색즉시공의 도리를 이야기할 때는 반드시 공즉시색의 도리를 같이 더불어서 이야기를 해주어야 합니다.

"이 눈에 보이는 세계는 모두 공한 것이다. 고정된 실체가 없는 것이다. 공허한 것이다."라고 여기까지만 이야기하면, 그러면 현실세계는, 내가 지금 발을 딛고 살고 있는데, "모든 것이 공허하다, 허무하다"고 해버리면 현실에서 열심히 살 수 있는 뭐가 안 나오는 거죠. 그래서 현실과 이상이 분리되는 그런 체험을 하게 됩니다. 이렇게 되면 자칫 불자들이 무기력해 보이고 허무주의에 가까운 것 같이 오해할 수 있습니다.

하지만 불교는 결코 허무주의가 아닙니다. 역동적인 종교죠. 왜냐? 자기 창조설이기 때문에. "나는 내가 창조한다"는 겁니다. 그것이 바로 공즉시색의 도리에서 나오는 것입니다. "색이 공하지만 공은 곧 색이다."의 도리죠. 공이 곧 색이라는 말은, 한 바퀴 돌려서 제자리에 데려다 놓는 소식입니다. 색즉시공은 반 바퀴 돌려서 허공에다 띄워 놓는 소식입니다. "우리 눈앞에 보이는 세계는 다 공한 것이요" 이렇게 하는 것은 반 바퀴 돌려서 허공에 띄워 놓은 것이고, 다시 반 바퀴 더 돌려야 됩니다. 그것이 공즉시색입니다.

공하다는 것은 무엇인가? "바로 눈앞에 보이는 세계를 떠나서 진리는 따로 없다."는 것이죠. 끊임없이 변화를 하고 있기 때문에 바로 지금 이 순간이야말로 소중한 순간인 것입니다. 지나간 과거는 후회해도 소용없고, 앞으로 올 미래는 당겨서 걱정할 필요가 없는 것입니다. 항상 나에게 가장 중요한 시간은 바로 지금이고, 가장 확실한 공간은 여기라고 하는 것이죠. 가장 귀중한 사람은 바로 지금 여기서 나와 대면하고 있는 사람들이라고 하는 것이죠. 그래서 항상 바로 지금 여기에 내가 위치하고 있는 시간과 장소에서 완전 연소하는 삶을 사는 것, 그것이 바로 공즉시색의 도리가 되겠습니다.

불교공부를 하면서 반 바퀴 돌려놓으면 현실과 이상이 괴리되어서 자칫하면 현실 따로 불교공부 따로 이렇게 될 수가 있습니다. 그렇게 되어서는 안 되고, 현실 속에서 불교를 구현하고 체득할 수 있는 이치, 그것이 바로 색즉시공 공즉시색입니다. 색즉시공으로 해서 반 바퀴 돌려놓고, 다시 공즉시색으로 해서 반 바퀴 더 돌려놓고, 그러면 바로 지금 여기가 되는 것이죠. 출발점, 시작점이 종점인 그 자리에서, 바로 지금 여기서 자신의 주인이 되어서 완전 연소하는 삶을 사는 것, 그것이야말로 진정한 지혜이고, 그것이야말로 진정으로 세상을 뛰어 넘은 소식이라고 하는 것이죠.

그래서 관세음보살님께서도 이미 해탈을 하고 지혜를 얻으신 분임에도 불구하고 다시 자비심을 일으켜서 이 세상의 중생들을 향해서 이와 같이 오신 것입니다. 바로 공즉시색의 도리를 체현體現하시는 분인 거죠. 자비심을 일으켜서 우리에게 이와 같이 오셨기 때문에 우리에게 의미를 갖는 것이지, 혼자서 지혜를 터득하고 마음의 평화를 얻고 해탈을 얻었다고 해서, 그냥 혼자서만 있다면 우리에게 이런 의미를 가질 수 없었을 것입니다.

부처님도 마찬가지입니다. 부처님을 우리가 보통 "부처님"

이라고 많이 부르지만, 부처님께서는 스스로를 지칭할 때 "붓다"라는 표현보다는 "여래如來"라는 표현을 선호하셨습니다. 스스로를 지칭할 때 항상 "이와 같이 오신 이다, 여래다, 여래는 이렇게 생각한다, 여래가 어제 성안에 들어갔을 때 이런 일이 있었다." 이런 식으로 여래라는 표현을 즐겨 쓰셨죠. 부처님이 우리에게 의미를 갖게 된 것은 이와 같이 우리에게 오셨기 때문에 의미를 가지신 것이지, 그냥 색즉시공의 세계에 침잠해 계셨다면 우리에게는 큰 의미가 없으셨겠죠. 그러나 공즉시색의 도리로 다시 반 바퀴 돌려서 우리에게 오셔서 우리의 고락을 함께 나누어주시고–고통을 빼주시고, 낙樂을 주시는 분–, 그래서 의미를 갖게 된 것입니다.

"**사마라 사마라 하리나야**", 이것은 "마음을 새기고 또 새기소서." 이런 말이 되겠습니다. 마음을 새긴다는 것은 바로 염한다는 것입니다. 염, "염불" 할 때 바로 이 염念자죠. 그러면 염이라는 것은 무슨 뜻인가? 한자를 보면 '지금 금今'자에 '마음 심心'자로 되어 있죠. 지금 내 마음에 챙기고 있는 것, 그것을 "염한다"고 하는 것입니다.

본래의 범어는 "쓰마라 쓰마라 흐리다양"으로, "흐리다양"이라는 것은 바로 마음을 이야기합니다. "마음에 염하고 염한다"

는 의미가 되겠죠.

저도 관음기도 도량에, 해제철에는 한 번씩 관세음성지라든가 또는 5대보궁 중의 한두 군데를 참배를 합니다. 5대보궁, 오대산 상원사 적멸보궁을 비롯해서 다섯 보궁이 있고, 또 3대 관음기도 도량이 있죠.

동해 낙산사, 남해 보리암, 서해 보문사로, 한 번씩 가면서 기도를 하다보면, 간혹 그런 분들이 있습니다. "관세음보살을 열심히 하긴 하는데 자꾸 잡념이 많이 들어오고, 입으로는 하고 있는데 생각으로는 집에도 갔다가, 아이들도 만났다가, 남편도 만났다가, 작년에 갔던 성지순례도 갔다가 오락가락 합니다. 이걸 어떻게 해야 집중이 잘 될까요?" 이런 질문을 하는 분들이 제법 계십니다. 오늘 그 비결을 가르쳐 드리겠습니다.

비결은 바로 염念을 하는 것입니다. 염이라는 것, 지금 내 마음에 챙긴다는 것, 이게 중요합니다. 지금 내 마음에 챙기려면 어떻게 해야 하느냐. 자기가 하고 있는 소리를 자기가 들어야 합니다. "관세음보살 관세음보살" 할 때 그 소리를 들어야 합니다. 그럴 때 마음에 챙겨지는 것입니다. 그것이야말로 진정한 염불이죠. 그래서 스스로 내는 소리를 스스로가 듣는 것이죠. 이걸 하다 보면 삼매가 빨리 오고 염이 굉장히 잘 되고 마음 챙김이 잘 됩니다. 딴 생각을 하다 보면 안 듣고 있어요, 내가 하는 소리를. 내가 하는 소리를 듣고 있다는 것은 딴 생각을 안 하고 있다는 것입니다.

"내가 하는 이 염불 소리를 내가 들어야 관세음보살님도 듣는다." 이런 마음가짐으로 해야 합니다. 나도 듣지 못하는데 관세음보살이 어떻게 듣겠어요? 내가 하는 소리를 나도 듣지 않고 있는데 관세음보살님이 듣겠습니까? 아닙니다. 왜냐? 관세음보살님은 바로 우리의 대자비심의 표현이라고 했지요. 내 마음속에 인因이 있고 바깥에 보신불로서 연緣이 있는 것입니다. 그래서 인과 연이 만나려면 일단은 내 인을 맞추어야 됩니다. 인을 "관세음보살 관세음보살"에 맞춰서 듣고 있어야 관세음보살님도 듣는 것입니다.

"**구로구로 갈마 사다야 사다야**", 이것은 "꾸루 꾸루 까르망 싸다야 싸다야"로, "일하고 또 일하시고 이루시고 또 이루어 주소서."의 의미입니다. 보살은 끊임없이 정진을 하신다는 것이죠. 끊임없는 정진, 문턱이 닳도록 드나드는 것, 꾸준히 공부하는 것, 이게 중요하다는 것입니다. 우리가 밥을 먹을 때 하루에 두 끼나 혹은 세 끼씩 조금씩 꾸준히 먹어주는 게 건강에 좋겠죠. 그러지 않고 바쁘니까 일주일 동안 굶었다가 하루에 몰아서, 일요일에 한가하니까 일요일에 일주일치 밥을 다 먹으리라, 이렇게 하면 얹히게 되고 부작용이 생기게 됩니다.

정진하는 것도 마찬가지로 하루에 30분이든 한 시간이든 두 시간이든 시간을 정해놓고 꾸준히 정진하는 것이 힘이 되는 것이죠, 득력처得力處가 됩니다. 그래서 천수다라니를 하든 금강경을 지송하든 또는 염불을 하든 간에 한두 가지 수행방법을 정하고, 또 시간을 정해서 가급적이면 같은 시간에 같은 장소에서 같은 요령으로 꾸준히 하는 것이 진짜 큰 힘이 됩니다.

물방울이 바윗돌을 뚫죠. 그것이 어떻게 가능할까요? 매일 같은 장소에 "똑 똑" 떨어지기 때문에 마침내 그 커다란 바위에 구멍이 생기고 갈라져 버린다고 하는 거죠. 그러지 않고 하루는 저기로 떨어졌다 하루는 이쪽으로 떨어졌다 오락가락 왔다갔다 하면 바위를 어떻게 뚫겠습니까. 그것과 마찬가지로 가능하면 같은 시간에 같은 장소에서 같은 요령으로 꾸준히 하루에 한 시간이 됐든 두 시간이 됐든 수행을 하다 보면 반드시 마음의 문이 활짝 열릴 날이 온다고 하는 것입니다.

"**도로도로 미연제 마하미연제**"는 "두루두루 비자얀떼 마하

비자얀떼"로, 이것은 "승리하고 승리하소서. 승리의 님이시여! 위대한 승리의 님이시여!"라는 뜻을 가지고 있습니다. 관세음보살님이야말로 승리의 님이시죠. 절에 가면 대웅전이라고 있죠? 대웅전은 말 그대로 하자면 "큰, 위대한 영웅을 모신 전각이다"는 뜻이 되겠습니다. 그러면 우리가 학교 다닐 때 배운 영웅들—영웅전의 인물들—, 가령 징기스칸이나 알렉산더나 나폴레옹이나 이런 사람들을 안 모시고 왜 부처님과 관세음보살, 대세지보살, 이런 분들을 모셨을까요. 앞서 말한 영웅들은 남을 정복한 영웅이지만 불보살님들이야말로 자신을 정복한 영웅으로, "진정한 큰 영웅은 자신을 정복한 자다."라고 하는 거죠.

스스로와의 싸움에서 승리한 자, 이것이야말로 진정한 큰 영웅이라 하겠습니다. 남을 이겨 먹으려 하기 전에 먼저 자기 자신을 이길 수 있다면 그야말로 진정한 승리자이고 진정한 영웅이라 하겠습니다.

"**다라다라 다린나례 새바라**"는 "다라 다라 다렌드렌슈와라"로, "수호하고 수호하소서, 번개를 수호하시는 님이시여!"의 의미입니다. 옛날에는 번개가 치고 나면 많은 비가 내려서 자연환경이 비옥해지고, 그래서 수많은 동식물이 번성하게 되었죠. 따라서 여기서 번개는 그대로 풍요와 생명의 상징인 것입니다. 즉 관세음보살님께서 풍요와 생명을 수호해 달라는, 수호하시는 분이라는 그런 내용으로 이런 말을 하고 있는 것입니다.

4) 청정해탈의 관세음보살

"**자리자리 마라 미마라 아마라 몰제**"는 "짤라 짤라 말라 비말라 아말라 묵떼"로 "운행하고 운행하소서. 티끌 속에서 띠끌을 떠난 님이시여! 청정해탈의 님이시여!"의 뜻입니다. "관세음보살님이야말로 티끌 속에 계시면서 티끌을 떠난 님이다, 청정해탈의 님이다."는 말이죠. 불교를 상징하는 꽃으로 연꽃을 듭니다. 연꽃은 진흙탕에 뿌리를 박고 있지만 수면 위로 아름다운 꽃을 피우죠. 그것과 마찬가지로 "보살님들은 혼탁한 중생세계에 발을 담그고 계시지만, 그러나 거기에 오염되지 않고 수면 위로 피어난 연꽃처럼 청정해탈의 꽃을 피우시는 분이시다."고 해서 바로 이런 비유를 들게 되는 것입니다.

"**예혜혜 로계 새바라**"는 "에히에히 로께슈와라"로, "오소서, 오소서. 세계를 주재하는 님이시여!"라는 뜻입니다. "세계를 주재하는 님"이라는 것은 세계의 탐욕과 성냄과 어리석음을 다스리는 세상의 주재자라는 뜻입니다. 관세음보살님의 대자비도 탐욕과 분노와 어리석음을 정복하고 성취하는 지혜에서 나오는 것이죠. 그래서 세계를 다스린다는 것은 다름 아닌 탐진치 삼독을 다스리는 것, 이것이야말로 진정으로 세계를 다스리는 것입니다.

"**라아 미사미 나사야**"는 "라가 비샹 비나샤야"로, "탐욕의 독을 없애 주소서."라는 의미입니다. 탐진치 삼독 중에서 한 가지씩 기원을 하고 있습니다. 관세음보살님은 이 세계의 주재자로서 감각적 쾌락의 욕망을 다스려서 삼독조차도 없애 주시는 그런 분입니다. 내 마음에 욕심이 일어날 때 얼른 "나무관세음보살" 하다 보면 내 마음이 관세음보살에 초점이 맞춰지게 되니까 욕심에서 멀어진다는 것입니다.

삼국유사에 보면 유명한 '조신의 꿈'이라는 일화가 있습니다.

조신은 동해 낙산사에 있었던 스님인데, 어느 날 그 고을 군수의 딸이 절에 왔습니다. 그런데 그 딸을 한 번 보고 완전히 반해서, 앉으나 서나 그 얼굴만 생각나는 것이었습니다. 하도 그 얼굴이 생각나고, 연모의 정을 도저히 참을 길이 없어서 낙산사의 관세음보살상 앞에 가서 기도를 합니다. 한참 기도를 하고 났는데, 그 여인이 절로 자신을 찾아오게 된 거예요. '야! 기도의 가피를 입었구나. 그래서 그토록 사모하는 여인이 왔구나.' 이렇게 생각했습니다.

그런데 그 여인도 하는 말이 "저도 며칠 전에 절에 와서 스님을 뵙고는 연모의 정을 주체할 수 없어서 왔습니다." 하는 것이었습니다. 그래서 '야, 이거 잘 되었다.' 하고 둘이 손을 잡고 도망을 가게 됩니다. 도망을 가서 한동안은 그 여인이 가지고 온 패물을 팔아서 먹고 삽니다. 그러면서 자식도 낳고 살게 되는데, 나중에는 살기가 어려워지고 입에 풀칠할 정도로 생계가 곤란해져서 거지노릇을 하고 다니게 됩니다. 거지노릇을 하고 다니게 되다 보니 아이들이 구걸하다 개에게 물려 다치기도 하고, 어떤 아이는 사고가 생겨서 죽기도 하고, 보통 괴로운 것이 아니었습니다. 그래서 "도저히 안 되겠소. 우리가 이렇게 살 바에야 서로 헤어져서 각자 자기의 길을 갑시다." 하고 헤어져서 고생고생 하다가 딱 깨어나 보니 꿈이었던 것이죠. 그게.

관세음보살님 성상 앞에서 기도를 하다가 깜박 잠이 들어서 잠결에 자기가 사모하던 여인을 만나 사방을 다니면서 고생을 한 꿈을 꾼 것인데, 꿈속에서도 어떻게 고생을 심하게 했던지

깨어나서 머리가 하얗게 새어 있었다고 합니다. 그럴 정도로, 이 세상의 탐욕·음욕에 빠져서 살게 되면 자기 스스로 머리가 하얗게 샐 정도로 고생을 하면서도 거기서 벗어나기 힘들다고 하는 것이죠.

궁극적으로 불교에서는 좋은 꿈 꾸려고 노력하지 말고 꿈을 깨는 것이 중요하다고 말을 합니다. 많은 분들이, 좋은 꿈을 꾸는 것이 인생의 목적이 되어 있는 그런 분들이 있습니다. 아리따운 여인을 만나서, 고대광실같은 큰 집에서, 외제 승용차 굴리면서, 잘 살고 잘 먹고 부귀영화를 누리는 것이 인생의 목적인 양 생각하는 분들이 많지만, 그러나 인생의 목적이 부귀영화가 된다면 그 끝은 반드시 허망하게 됩니다.

어떤 분이 국사암에 저를 찾아와서 하소연을 하였습니다. 자기는 부자가 되어서, 하는 사업이 잘 되고 돈을 많이 벌어서 좋은 자동차 타고 좋은 집에서 살면 행복할 줄 알았답니다. 그런데 막상 원하는 것을 성취하였는데도 마음 한 구석에는 어딘가 공허함이 항상 남아 있다는 겁니다. 공허함이 남아서 이거는 어떻게 돈으로도 다스릴 수가 없고, 도대체 어떻게 된 일인지 모르겠다는 것입니다.

자기는 부자가 되고 사업만 잘 되면 모든 게 행복할 줄 알았는데 그것이 아니다 하는 것을 그때서야 느껴서 저한테 하소연을 하시더라구요. 그게 바로 그겁니다. 좋은 꿈만 꾸면 좋을 것 같지만 사실은 그렇지 않다는 것이죠. 꿈속에 있는 한 항상 공허하고, 어딘가 모르게 부족하고, 무엇을 해도 빈 듯한 그런 것이 있는 것이죠. 궁극적으로는 꿈에서 깨어나는 것을 목표로 살아야지, 좋은 꿈을 꾸는 것을 목표로 사는 삶은 그 끝이 항상 허망하게 되어 있습니다.

그래서 "라아 미사미 나사야", "탐욕의 독을 없애주소서."가 되겠습니다.

"**나베사미사미 나사야**"는 "드웨사 비샹 비나샤야"로 "분노의 독을 없애주소서."입니다. 만일 분노가 많더라도 언제나 관세음보살님을 마음에 새겨 공경하면 곧 분노를 떠나게 됩니다. 음욕도 마찬가지입니다. "만일 중생이 있어서 음욕이 많더라도 언제나 관세음보살님을 마음에 새겨 공경하면 곧 욕심을 떠나게 된다. 그래서 분노하지 않는 것, 이것이야말로 진정한 공덕이다."는 것입니다.

불교에서는 분노, 화내는 것을 불에 비유합니다. "지금까지 수많은 공덕을 쌓아왔더라도 화를 한 번 내고 분통을 터뜨리면 그것을 다 태워버린다."고 하는 비유를 하죠. 지금까지 쌓아온 공덕을 일순간에 싹 태워버립니다. 공덕을 쌓기는 어렵지만 한 번에 태워버리기는 쉽죠. 마른 풀더미 열 섬, 스무 섬, 산 하나도 조그만 불씨가 태워버릴 수 있는 것처럼, 분노야말로 공덕을 태워먹는 지름길입니다. 여러분들도 지금까지 살면서 쌓아온 공덕을 태워버리고 싶으면 화를 자주 내면 됩니다. 태워버리기 싫으면 화를 안 내야 합니다.

예를 들어서 생각해봅시다. 어떤 사람이 나한테 열흘을 잘해줬지만 어느 날 하루 나한테 성질을 있는 대로 냈다면, 그동안에 '저 사람 참 고마운 분이구나' 하고 생각했던 마음이 일순간에 무너져버립니다. 그것처럼 분노야말로 불에 해당합니다.

미워하는 자를 다시 미워하는 것은 더욱 악한 자가 될 뿐입니다. 분노하는 자에게 다시 분노하지 않는 것이야말로 이기기 어려운 싸움에서 승리하는 것입니다. 진정한 승리는 분노하는 자에게 분노하는 것이 아니라, 다시 분노하지 않는 것입니다. 피는 피로써 씻을 수가 없죠? 물로 씻어야 합니다.

9.11 테러가 미국에서 몇 년 전에 있었죠. 그 주범으로 오사마 빈라덴을 지목하는데, 오사마 빈 라덴이 악인입니까, 선인입니까? 어떤 분은 악인이라 하고 어떤 분은 선인이라 합니다. 피해를 입은 미국의 입장에서는 악의 화신이라고 합니다. 그리고 그쪽 편을 드는 사람들은 모두 악인이라고 할 것입니다.

그러나 이슬람의 신봉자들은 오사마 빈라덴이야말로 진정한 영웅이다, 선의 화신이다, 이렇게 봅니다. 무엇이든 다 자기 입장에서 생각하기 때문이죠.

안중근 의사가 선인입니까, 악인입니까? 대한민국의 독립을 위해서 이토오 히로부미를 저격한 사람이죠. 우리 입장에서는 의사이고 열사입니다. 그래서 지금까지도 추모하는 것입니다. 그러나 상대방 입장에서는 테러범이고 살인자일 뿐입니다. 그래서 형장의 이슬로 사라졌죠.

분노라는 것은 나, 내 입장, 내편, 이런 것들이 확고히 선 상태에서 분노가 일어나는 것입니다. "네가 우리에게 테러를 저질렀으니 나도 너희들을 그대로 안 두리라." 하고 다른 나라를 무참히 짓밟았죠. 그러다보니 상대방에서도 가만히 있습니까? "우리도 억울하다." 왜냐? 테러를 일으켰을 때에는, 그런 테러를 일으킨 이유가 있습니다. 일방적으로, 노골적으로 미국이 이스라엘의 편을 들어왔기 때문에 어떻게 항거할 수가 없어서 그런 테러로서 항거를 한 것이죠. 물론 테러를 두둔하자는 것은 아닙니다.

하지만 그렇게 된 원인은 생각하지도 않고 무조건 "네가 우리를 이렇게 테러했지. 그러니까 너희를 그냥 안 두겠어." 이렇게 하는 한 이 세상은 잠시도 조용할 날이 없다는 것이죠.

그래서 미워하는 자를 다시 미워하는 자는 더욱 악한 자가 될 뿐입니다. 경전 쌍윳따니까야에 나오는 말입니다. 부처님의 말씀이죠.

나를 미워한다고 해서 다시 그 사람을 미워하게 되면 나는 어떤 자가 되는가? 나는 더욱 악한 자가 됩니다. 더욱 나쁜 놈이 되는 거죠. 분노하는 자에게 다시 분노하지 않는 것, 이것이야말로 이기기 어려운 싸움에서 승리하는 것입니다.

대국의 입장에서 "아, 우리가 처신에 문제가 있었구나. 일방적으로 노골적으로 다른 쪽 편을 들어줬구나. 처신을 바꾸어야겠다." 이렇게 하면 자연히 테러가 사라지죠. 그런데 "너희가 이렇게 했지. 우리도 가만히 안 둬." 하면 테러와 반테러가 되풀이되는 것입니다.

대국이 먼저 용서를 해주어야 합니다. 가진 자가 양보를 할 때는 용서가 되지만, 못 가진 자가 양보할 때는 비굴이 됩니다. 그래서 큰 나라, 가진 자, 힘이 센 자가 먼저 양보하고 용서해 주면 그것이 바로 지구와 우주에 평화가 오는 지름길인 것입니다.

"**모하자라 미사미 나사야**"는 "어리석음으로 얽힌 독을 없애주소서."의 뜻으로 범어로는 "모아 잘라 비상 비나샤야"입니다. 여기서는 어리석음으로 얽힌 독, 어리석음을 독에 비유했습니다. 어리석은 것도 죄입니다. 왜냐? 어리석기 때문에 죄를 저지르는 거지요.

불교에서는 사람을 선한 자와 악한 자로 나누기보다는 지혜로운 자와 어리석은 자로 나눕니다. "저 사람이 악하기 때문에 죄업을 저지르는 것이 아니라 어리석기 때문에 죄업을 저지르는 것이다." 이렇게 해야 자비심이 샘솟을 여지가 있죠. "악한 놈이기 때문에 저런 나쁜 짓을 한다." 이러면 자비심이 생길 수가 없죠. 그러나 "저 사람이 저런 행위를 하는 것이 자신에게 얼마나 손해가 되는 것을 모르고, 어리석기 때문에 저런 악업을 짓는구나." 이런 마음을 가져야 악한에게도 자비심을 베풀 여지가 있는 것입니다.

"관세음보살님이야말로 이런 탐진치 삼독을 없애주는 분이시다." 이렇게 알면 되겠습니다.

5) 창조의 어머니, 관세음보살

"**호로호로 마라호로 하례 바나마나바**", 이것은 범어로는 "훌루 훌루 말라 훌루 훌루 하레 빠드마나바"가 되겠습니다. 우리말 뜻으로 보자면 "아~ 님이시여! 오~ 우주의 주재자시여! 단전에서 연꽃이 피어나는 님이시여!", 이런 뜻이죠.

여기서 "하례"라는 것은 우주의 주재자, 다시 말해 관세음보살님에 대한 찬탄입니다. 관세음보살님은 탐진치, 탐욕과 성냄과 어리석음을 정복하고 청정해져서 이 세계를 다스리는 분, 그리고 우리의 탐진치를 다스려주시는 분입니다.

이것은 다른 말이 아닙니다. 탐욕・성냄・어리석음, 이런 것들이 일어날 때마다 "나무관세음보살" 하게 되면 그것이 사라진다고 하는 것이죠. 왜냐? 이 마음이라는 것은 한 순간에는 한 군데밖에 초점을 맞출 수밖에 없습니다. 마치 우리가 정밀한 사진기로 사진을 찍을 때, 가까이에 있는 인물에 초점을 맞추면 멀리에 있는 주변 배경은 흐릿하게 나오고, 그와 반대로 멀리 있는 배경에 초점을 맞추면 가까이에 있는 인물이 흐릿하게 나오는 것과 마찬가지 이치입니다. 어느 한 군데에 초점을 맞추면 다른 것들은 흐려진다는 것입니다.

우리가 운전을 할 때, 비가 오면 앞의 윈도우브러쉬를 왔다갔다 하게 합니다. 그런데 만약에 운전하는 사람이 멀리 있는 도로를 안 보고 가까이에 있는 윈도우브러쉬에 초점을 맞추면 사고가 나기 십상이죠. 바로 눈앞에서 윈도우브러쉬가 왔다갔다 하지만 거기에 큰 지장을 안 받고 운전할 수 있는 이유가 바로 초점을 거기에 안 맞추고 멀리에 맞췄기 때문입니다.

앞의 전방을 주시하기 때문에 가까운 곳에서 윈도우브러쉬가 왔다갔다 해도 아무 탈 없이 운전할 수 있는 것과 똑같습니다.

우리에게 탐진치 삼독이라는 것은 일종의 윈도우브러쉬 같은 것입니다. 우리 앞에서 어른거리고 왔다갔다 하죠. 그러나 거기에 초점을 맞추지 않고 전방, 즉 관세음보살님 쪽에다 초점을 맞추고 스스로 자꾸 "관세음보살"을 염한다면 ― 부르고 듣고…, 그런다면 바로 눈앞에서 왔다갔다 하는 윈도우브러쉬, 그 탐진치가 크게 나에게 지장을 주지 않습니다. 삼독이 나의 진로를 가로막지 못하는 그런 이치가 여기 담겨 있는 것입니다. 우리는 한 순간에 한 군데밖에 초점을 맞출 수 없다는 것, 이것이야말로 바로 수행을 할 수 있는 비결인 것입니다.

앞에서 "단전에서 연꽃이 피어난다"는 뜻이라고 말씀드렸습니다. 단전이라는 곳은 바로 자궁을 뜻합니다. "모든 생명이 창조되는 우리 몸의 에너지의 집결지", 이런 뜻을 가지고 있습니다. 즉 '모든 에너지의 창조' 이런 의미를 가지고 있고, 거기서 연꽃을 피운다는 것은 ― 연꽃은 지난번에도 말씀드린 것처럼 진흙탕에 뿌리를 두지만 진흙탕에 물들지 않고 꽃을 피웁니다 ― 사바세계에 물들지 않는 관세음보살의 지혜를 의미하고, 진흙탕에 뿌리를 두고 있다는 것은 사바세계를 버리지 않는 관세음보살의 자비를 상징합니다. "이 한 마디에 관세음보살님의 지혜와 자비가 다 깃들어 있다.", 이렇게 말할 수 있습니다.

"**사라사라 시리시리 소로소로 못쟈못쟈 모다야 모다야**"는 "싸라 싸라 씨리 씨리 쓰루 쓰루 부디야 부디야 보다야 보다야" 로, "물은 흐르고 또 흐르니, 깨달음으로 깨달음으로, 깨닫고 또 깨닫게 하소서!"의 뜻입니다. 멋진 표현이죠. 꼭 시 같아요. 말들이 전부 싯귀죠. 게송, 사실은 범어로 된 시입니다. 그래서 범어로 제대로 멋지게 읽으면 마치 한 편의 노래 같은데, 다만 우리 식으로 읽은 것이기에 좀 운율이 다르게 느껴집니다.

"물은 흐르고 또 흐른다"는 것은 윤회의 세계를 물이 흘러가는 데에 비유한 것입니다. 윤회, 물의 흐름, 강물, 그렇지만 고정된 실체로서의 강은 사실 없습니다.

제가 사는 지리산 입구에는 섬진강이 흐릅니다. 섬진강은 굉장히 아름다운 강입니다. 특히 가을이 되면 얼마나 맑고 깨끗한지, 정말 가서 얼굴을 비추고 담구고 싶은… 하하하. 모래사장도 아주 멋진 곳들이 몇 군데 있습니다. 그래서 이따금 한 번씩 가면 가슴이 탁 트입니다. 또 어떤 시인은, 섬진강의 굴곡이 아름답게 흘러가는 것을 아름다운 여인의 몸매에 비유할 정도로 아름다운 강입니다.

과연 그러면 어떤 것이 섬진강인가? 섬진강을 비롯하여 모든 강은 흘러내려가고 있죠. 한시도 가만히 있지 않고 변화합니다. 그래서 바로 지금 이 순간에 내가 갔을 때 "이게 섬진강이다."라고 한다면, 그렇다면 끊임없이 변화할 때 다른 섬진강은 섬진강이 아닌 게 되어버립니다.

고정된 실체로서의 섬진강은 없습니다. 똑같은 섬진강물에 내가 두 번 발을 담글 수는 없는 것과 마찬가지입니다. 계속 변화하고 있다는 것이죠. 그러나 그렇다고 해서 섬진강이 없느냐? 그건 아닙니다. 계속해서 변화하고 있는, 흘러내려가고 있는 섬진강은 있는 것입니다. 이것이야말로 불교의 진리—제행무상—, 모든 존재는 끊임없이 변화한다는 진리를 가르쳐주고 있죠. 그래서 "일체 모든 것이 공하다. 끊임없이 변화하고 있다."고 하는 것이죠. 그러나 변한다고 해서 없는 것은 아닙니다. 고정된 실체는 아니지만 변하고 있는 현상은 존재한다는 거죠. 바로 지금 여기에서의 섬진강은 항상 있는 것이고, 그 안에 수많은 물고기와 여러 가지 생물, 또는 토사를 운반한다든가 하는 쓰임, 작용을 꾸준히 하고 있다는 것입니다.

결국 고정된 실체로서의 섬진강은 없지만 변하고 있는 섬진강은 있는 것이고, 변화하면서, 계속 흘러가면서 많은 생물을 갈무리하고 있고, 토사를 운반하고 있고, 나름대로의 역할을 수행하고 있는 것이죠.

우리들도 마찬가지입니다. '변화하지 않는 실체로서의 나'는 없지만 그러나 '바로 지금 여기서 변화하고 있는 나'는 있는 것입니다. 그래서 변화하고 있는 나는 항상 찰나생멸刹那生滅의 나인데, 시시때때로 내가 어떤 쓰임을 사느냐에 따라서 그 존재가 창조되고 만들어진다고 하는 것이죠.

실체가 없다는 것은 오히려 무한한 가능성을 가지고 있다는 의미입니다. 고정된 실체가 있다면 더 이상 아무런 가능성이 없는 것이죠. 그래서 고정된 실체가 없다고 하는 말은 그만큼 엄청난 가능성, 무한한 가능성을 가지고 있다는 이런 또 다른 표현이 되는 것이죠. 그런 말을 두고 "진공眞空은 묘유이다."라는 표현을 씁니다. 참다운 공은 결코 허무주의도 아니고 아무것도 없다는 말도 아니고 묘유妙有, 묘하게 있다는 것입니다. 왜 묘하게 있는가. 어마어마한 가능성을 가지고 끊임없이 창조해 낼 수 있기 때문에 그것이 바로 묘하게 있는 것입니다.

유有에는 두 가지가 있습니다. 착유와 묘유입니다. 착유着有라는 것은 집착으로 있는 것입니다. 집착으로 있는 것은 "이게 나다." 하고 꽉 붙잡고 있으니까 더 이상 발전할 수 없습니다. 마치 고여 있는 물이 썩는 것처럼 진화하지 못하는 존재는 퇴보되는 것이죠. 그렇기 때문에 집착은 우리를 퇴보시키는 지름길입니다. 그러므로 묘유로 나아가야 합니다. 항상 가능성이 있고, 항상 변화하고, 그리하여 무엇이든 될 수 있다는 것이죠.

불성이라는 것은 부처가 될 수 있다는 가능성입니다. "부처도 될 수도 있는데 무언들 될 수 없으랴. 내가 신도 될 수 있고 축생도 될 수 있고 인간도 될 수 있고 무엇이든 될 수 있다."는 것입니다. 그런 어마어마한 가능성을 놔두고, 우주의 탐진치 삼독을 정복하는 주재자가 될 수도 있는데, 그럼에도 불구하고 종노릇을 하려 하는 것은 자기가 가지고 있는 무한한 보배를 다 포기하고 조그마한 부스러기 하나를 붙들고 애착하는 그런 모습과 같습니다.

"깨달음으로 깨달음으로, 깨닫고 또 깨닫게 하소서."

이것이야말로 "바로 지금 말씀드린 그런 것들을 깨닫게 하소서", 이런 소리입니다. "나는 무한한 가능성을 가진 존재다. 부처도 될 수 있는데—부처라는 것은 신들의 스승이죠. 그러니까 신들의 스승도 될 수 있는 그런 무한한 가능성을 가진 존재인데—, 무엇인들 될 수 없으랴. 내가 선택한다." 이런 것들을 바로 깨달아야 되는 것이죠.

"**매다리야 니라간타**"는 "마이뜨레야 닐라깐따"로 이것은 "자애로운 청경존이시여!"라는 의미입니다. "청경존靑頸尊"은 앞에서 말씀드린 것처럼, "목에 푸른빛을 띤 님"이라는 뜻입니다. "마이뜨레야"는 원래 "자비로운"의 의미를 가집니다. 미래에 중생을 구원하러 오시는 미륵부처님을 "마이뜨레야"라고 합니다. 미륵부처님이야말로 우리 중생들을 구하기 위해서 준비하고 계시고, 또 앞으로 우리를 구원하실 그런 자애로운 분이시죠. 여기서는 이제 청경존, 목에 푸른빛을 띤 님을 형용하는 그런 말로 쓰였습니다.

목에 푸른빛을 띠었다는 것은 온 세상의 독을 한꺼번에 관세음보살님께서 삼키고 그것을 목에다 놓아둔, 관세음보살의 무한한 자비를 상징합니다. 또 그런 무한한 독을 삼켜도 끄떡없는 불사, 불사신의 몸을 상징하는 그런 의미입니다.

지금까지 해서, 관세음보살님에 대한 설명을 마쳤습니다. 여기서부터는 관세음보살님에 대한 수식인데, 끝에 계속해서 "쓰와하"—"사바하"라고 읽는다—라는 말을 붙입니다. 원만성취를 의미하죠. 우리가 곡차를 드시는 분들을 보면 잔을 부딪치면서 "위하여" 하는 것처럼, 여기서 계속해서 "사바하"가 나옵니다. 이것은 관세음보살님의 덕을 찬탄하면서, 또 우리도 관세음보살님처럼 그렇게 되기를 기원하는 의미로 계속 이어진다고 볼 수 있습니다.

6) 위대한 성취자, 관세음보살

"가마사 날사남 바라 하라나야 마낙 사바하"는 "까마씨야 다르시남 쁘라흘라다야 마나하 쓰와하"로 "감각적 쾌락의 욕망을 부숴버린 쁘라흘라다의 마음을 위하여, 쓰와하"입니다.

"쓰와하"라는 것은 "원만성취, 원만하게 성취되어지이다"라는 내용이라고 했죠. 여기서는 감각적 쾌락의 욕망을 부숴버린 쁘라흘라다의 마음입니다. "쁘라흘라다"라는 것은 사람의 이름입니다. 악마의 왕인 히란야 까쉬뿌의 아들이었는데, 관세음보살의 화현인 비슈누 신에 대해서 믿음과 헌신을 가졌습니다. 그리고 그를 통해서 감각적 쾌락의 욕망을 부수고, 깨달음을 통해서 비슈누 신과 합일하는 경지를 성취한 이입니다. 우리가 가장 정복하기 힘든 것이 바로 감각적 쾌락의 욕망입니다. 이것이야말로 사실은 악마의 분신이라고 말씀드릴 수 있는데, 쁘라흘라다는 이것을 극복했다, 정복했다는 것이죠.

모든 존재는 결코 적이 될 수 없으며, 오로지 사랑의 대상이 될 뿐이죠. 우리가 미워해야 할 대상은 사실은 우리의 적이 아니라 오히려 스스로가 남을 미워하는 바로 그 마음인 것입니다. "우리의 적은 오히려 우리에게서 더 큰 사랑을 받아야만 한다." 이것이 바로 비슈누 신의 깨달음입니다. 여기서 비슈누 신은 관세음보살님의 화현이라고 합니다. 관세음보살의 화현에게서 "건강 · 부 · 쾌락 등은 순간적인 요소일 뿐이고, 지혜의 열매야말로 가장 값진 보배이다.", 이런 가르침을 받은 분이 바로 쁘라흘라다입니다.

그래서 여기서 "감각적 쾌락의 욕망을 부셔버린 쁘라흘라다의 마음을 위하여, 쓰와하" 이렇게 얘기하는 것입니다.

"싣다야 사바하 마하싣다야 사바하 싣다 유예 새바라야 사바하"는 "씻다야 쓰와하 마하씻다야 쓰와하 씻다요게슈와라야 쓰와하"로 "성취자를 위해서 쓰와하, 위대한 성취자를 위해서 쓰와하, 성취자인 요가의 주재자를 위해서 쓰와하" 이런 말입니다.

"성취자", 성취자는 말 그대로 신통의 힘을 성취한 것입니다. 그러면 신통 중의 최고의 신통함은 무엇일까요? 탐진치 삼독을 정복한 것이야말로 최고의 신통이라 하는 것이죠. 우리가 아무리 하늘을 날아다니고 남의 운명을 점치더라도, 스스로의 탐욕과 성냄과 어리석음을 정복하지 못했다면 그것은 참으로 신통한 것이 아니라고 합니다. 왜냐? 자신의 문제를 아직 해결하지 못했기 때문에 남의 문제도 궁극적으로 해결해 줄 수는 없는 것이죠.

정말 우리가 "신통 신통" 하지만, 밥 먹으면 소화하고 잠자면 피로가 풀리는 것, 이것보다 더한 신통은 없는 것이죠. "배고프면 밥 먹고 졸리면 잠을 잔다." 이것이야말로 정말 신통한 일입니다. 아이를 키우는 분들이 그러죠. 어린 아이가 그저 잘 먹고 잘 자면 "아이구 참 신통하다. 참 잘 먹고 잘 자고 무럭무럭 자라는구나.", 맞는 말입니다. 그것이야말로 참다운 신통이라 하는 것입니다.

배고프면 밥 먹고, 밥 먹으면 저절로 소화가 되고, 피곤하면 잠자고, 잠자고 나면 저절로 피로가 풀리고, 이것이야말로 신통방통한 일이죠. 아무리 다른 재주가, 천 가지 만 가지 재주가 있는 사람이라 해도, 배고파도 밥 먹을 줄 모르고, 밥 먹어도 소화가 안 되고, 피곤해도 잠잘 줄 모르고, 잠자고 나도 피로가 안 풀리고, 이렇다면 세상이 즐거울까요? 괴롭겠죠. 몸과 마음의 건강을 금방 상하게 되는 일이죠. 그래서 "탐진치 삼독을 정복한 것이야말로 진정한 신통이다. 성취자인 요가의 주재자, 관세음보살이야말로 모든 신통력을 성취하신 분이고, 모든 요가수행의 주재자이다."고 하는 것이죠.

관세음보살의 신통력은 두말할 필요가 없죠. 서유기에 나오는 손오공이 궁지에 몰릴 때마다, 어려운 일이 있을 때마다 관세음보살님에게 가서 문제를 해결하는 것을 볼 수 있습니다. 경전에 보면 대승경전은 물론이고 초기경전에도 부처님의 제자들은 위대한 신통력을 가진 것으로 많이 나옵니다.

대표적으로 빈두로존자 같은 분은 그 당시 대 상인이 긴 장대 위에 발우, 바릿대를 걸어놓고 "누가 신통력 있는 사람이 저것을 따가시오." 하자—그 당시로서 최상의 제품으로 만든 발우였죠. 전단향나무로 만든—, 아무도 그것을 못 따갔는데 빈두로존자가 허공으로 붕 날아올라서 장대의 끝을 세 바퀴 돌고 가뿐하게 따서 내려왔다고 합니다. 그런데 부처님께 얘기가 들어갔고, 부처님께서 빈두로를 불렀습니다.

"빈두로야, 그런 일이 있었느냐?"

"있었습니다."

"왜 그렇게 하였느냐?"

"많은 사람들이 그것을 보고 불법의 위대함을 알 것 같아서 제가 그랬습니다."

하고 빈두로존자가 말씀드렸습니다. 그랬더니 부처님께서 말씀하시길,

"그렇지 않단다. 일시적으로는 사람들이 거기에 현혹되어 끌릴지 몰라도, 그러다 보면 불법이 마치 무슨 기이한 술법이나

가르치는 것처럼 인식되어 오히려 그르치게 되는 것이란다."

라고 하시며 신통을 보이지 말도록 타이른 대목이 나옵니다.

또 어떤 제자는 신통력이 대단하여—인도에 가면 갠지즈강이 있습니다. 경전에도 자주 나오죠, 금강경에도. 항하사, 항하가 바로 갠지즈강입니다— 갠지즈강을 아침마다 갈라놓고 탁발을 다닌 분이 있었습니다. 아침에 탁발하러 강 건너 마을에 갈 때 강의 중간을 한 번 "탁" 갈라놓고 걸어서, 터벅터벅 강 밑바닥을 걸어갔다가 올 때 다시 갈라놓고 타닥타닥 걸어서 돌아오곤 했습니다.

다른 종교에서는 바다를 한 번 잠시 가른 적이 있다는 것을 엄청난 기적이라고 얘기하지만, 불교에서는 그 정도는 기적도 아닙니다. 흐르는 강물을 갈라놓는 것이 더 힘들겠죠, 멈춰 있는 바다를 가르는 것보다. 그것도 한 번만이 아니라 매일, 그것도 하루에 두 번씩이죠. 탁발하러 강 건너 마을에 갈 때 한 번, 올 때 한 번. 그것을 매일 같이 그렇게 했어요. 그런데 그냥 다녔으면 별 일이 없었을 텐데, 스님이 장난기가 발동하여 가면서 오면서 갠지즈강을 지키는 강의 신에게 "야, 강 잘 지켜!" 하며 꿀밤을 한 대씩 매기고 다녔답니다. 허허허. 강의 신이 참다 못해서 부처님을 찾아왔습니다.

"부처님, 부처님의 제자 중 아무개라는 제자가 있는데, 강 건너 마을에 탁발을 가고 올 때마다 꿀밤을 주어 제 머리가 퉁퉁 부었습니다."

하였더니 부처님께서 사실 확인을 하십니다. 그 제자를 불러놓고

"이런 일이 있었느냐?"

"그런 일이 있었습니다."

"앞으로 절대 그러지 말거라."

이런 식으로 부처님의 제자들은 엄청난 신통력을 가졌음에도 불구하고, 특히 일반인들을 위해서, 꼭 필요하지 않은 그런 일을 위해서는 절대 신통력을 쓰지 못하도록 하셨습니다.

육신통六神通이라 해서 신족통, 천이통, 타심통, 숙명통, 천안통, 누진통, 이런 여섯 가지 신통력이 있습니다. 신족통이라는 것은 원하는 대로 아무 데나 왔다갔다 할 수 있는 것, 천이통은 멀리 있는 소리도 듣고 신들의 소리도 들을 수 있는 능력, 타심통은 남의 마음을 다 알 수 있는 것입니다. 숙명통은 전생을 다 기억하는 것, 천안통은 먼 곳도 다 관찰하고, 하늘나라 세계도 다 관찰하는 눈입니다. 그런데 지금까지 말씀드린 다섯 가지 신통력은 경우에 따라서는 불교가 아닌 외도들도 부분적으로 얻을 수 있다고 합니다. 그러나 마지막의 누진통漏

盡通, 누진통만큼은 불교의 정법을 접하지 못한 이는 얻을 수가 없다고 경전에 누누이 나옵니다.

누진통이라는 것은 "누漏가 다했다, 번뇌가 다했다" 이런 뜻입니다. 완전한 해탈을 이룬 상태죠. 앞의 오신통이 있어도 번뇌가 다한 것은 아닙니다. 그래서 목건련존자 같은 분도, 부처님 제자 중에 신통제일이었지만, 어머님이 지옥고를 겪는 것을 보고 굉장히 가슴 아파하는 장면들이 나오게 됩니다.

즉 누진통이라는 것은 정말 세상의 모든 이치를 완전히 통달했을 때 오는, 번뇌가 다한 경지입니다. 불교에서 가장 소중히 여기는 것이 바로 이 누진통이 되겠습니다. 그래서 다른 신통력들은 설혹 얻었다고 할지라도 밖으로 발설을 하거나 써먹거나 하면, 자칫하면 외도 이런 쪽으로 빠질 수가 있습니다.

그러나 누진통을 얻게 되면 근본을 통찰했기 때문에, 모든 것을 통찰한 사람이 나머지 다섯 가지 신통력을 가지고 있으면 그것을 아주 선용을 할 수가 있지만, 그러나 누진통을 얻지 못한 사람이 다른 신통을 얻으면 그 신통을 사사로이 쓸 수가 있기 때문에 오히려 그런 사람들이 말하자면, 자칫하면 사이비 교주가 되는 지름길이 됩니다. 그래서 누진통을 못 얻은 상태에서 다른 신통을 얻게 되면 절대 그것을 남들에게 발설하거나 보이면 안 된다는 것이죠.

누진통을 얻어야 그런 것들을 자기 자신을 위해서 쓰지 않고 정말 중생 제도를 위해서 쓰게 되는 것이고, 누진통을 못 얻은 상태에서 오신통 중에 한두 가지라도 얻게 되면 그것을 중생 제도를 위해 쓰는 것이 아니라 자기 개인의 이익이나 자기 가족의 부귀나 영화를 위해 쓰게 되는 것입니다. 그것이 바로 사이비 교주입니다.

“**니라칸타야 사바하**”는 “닐라 깐따야 쓰와하”로 “목에 푸른빛을 띤 님을 위하여 쓰와하”입니다. 계속 “위하여 쓰와하”가 나옵니다. 계속 관세음보살님에 대한 찬미죠, 관세음보살님께 영광을 돌리는. “누구 누구를, 무엇 무엇을 위하여 쓰와하” 불자들은 곡차를 마시면 안 되겠지만 혹시라도 그런 기회가 되면 잔을 부딪치면서 “건배” 대신 “위하여 쓰와하”, 하하하, 이렇게 하면 좋지 않을까요.

“목에 푸른빛을 띤 님”이라는 말은 앞에서도 나왔습니다. 바로 세상의 독을 삼켜버리면서, 중생들을 위해서 독을 삼켜서 목에다 간직하고 있는, 그래서 푸른 색깔을 띠게 되었다는 것이죠. 푸른 독 때문에. 바로 관세음보살님의 자비－무한한 자비－, 그럼에도 불구하고 불사신－불사－, 이 두 가지를 상징한다고 말씀드렸습니다.

관세음보살님은 기도를 잘 하게 되면 여러 가지 서상을 보이시는데, 그 일화의 하나입니다. 과거에 손경덕이라는 사람이 관세음보살님의 성상을 모시고 기도를 열심히 하고 있었습니다. 그런데 이 사람이 모함에 잘못 휘말려 들어 사형을 당하게 되었습니다. 그래 이 사람이 "참, 내가 관세음보살님을 열심히 모셨는데도 사형을 당하게 되었구나." "어찌해야 되나?" 하는데, 꿈에 관세음보살님이 나투셔서 고왕경이라는–몽수경이라고 하죠–, 짤막한 내용을 일러주십니다.

"이것을 천 번 독송을 하면 네가 죽음을 면하게 되리라."

말씀하신 대로 천 번 독송을 합니다. 그리고 마침내 사형장에 나서죠. 그 당시에 죄수를 사형시키는 방법은 망나니가 칼로 목을 치는 거였습니다. 망나니가 춤을 추다가 칼로 목을 "땅" 쳤는데, 목은 말짱하고 칼이 세 조각이 났습니다. "야, 이상하다. 칼이 뭐 잘못되었나." 칼을 바꿔서 다른 칼로 쳤는데, 또 역시 목은 말짱하고 칼만 세 동강이 났습니다. 세 번을 연거푸 했는데 세 번 다 마찬가지였습니다. 마침내 "이것은 뭔가 곡절이 있을 것이다." 생각해서 황제에게 사뢰었습니다. 그래서 사연을 알아보니 앞의 그런 사연이었습니다. 그래서 풀려나게 됩니다.

이 사람이 사형을 면하고 집에 돌아와서 보니, 자기가 집안에 모시고 있던 관세음보살의 돌로 된 석상의 목에 칼자국 세 군데가 남아 있었다는 것입니다. 관세음보살님께서 대신 칼을 받아 주신 것이죠. 그래서 목숨을 구했다는 일화가 전해지는 것처럼, 관세음보살님의 대자대비심을 뜻하는 말이 바로 '목에 푸른빛을 띤 님'이죠—닐라 깐따야 쓰와하—. 목에 푸른빛을 띠었다는 것은 바로 자비를 뜻합니다.

"**바라하 목카싱하 목카야 사바하**"는 "바라하 무카 씽하 무카야 쓰와하"로 "멧돼지 형상의 님과 사자 형상의 님을 위하여 쓰와하"입니다.

"멧돼지 형상의 님", 이것은 관세음보살님의 화현입니다. 지금 말씀드리고 있는 것은 전부 다 관세음보살의 화현을 의미합니다. 멧돼지가, 이 세상이 물에 빠지고 있는 것을 멧돼지 형상의 몸을 해서 세상을 건져 올렸다는 의미입니다. 다시 말해 "세상을 구제해주는 그런 역할을 하시는 분이다"라는 의미가 되는 것이죠.

사자 형상의 님이라는 것도 바로 관세음보살님의 화현이죠. "어떤 무시무시한 공포, 어려운 상황에서도 사람들을 사자처럼 보호하고 수호하신다.", 이런 의미를 가지고 있습니다.

그래서 사자 형상의 몸이라고 하는 것은 "인간을 구원하고 악마를 쳐부순다. 사자의 용기, 그런 모습으로서", 이런 의미를 뜻하고 있습니다.

7) 연꽃을 든 님, 관세음보살

"**바나마 하따야 사바하**"는 "빠드마 하쓰따야 쓰와하"로 "손에 연꽃을 든 님을 위하여 쓰와하"가 되겠습니다. 손에 연꽃을 든 님, 연꽃이라는 것은 지혜의 빛을 상징하는 것이죠. 지혜의 빛, 부처님의 가르침을 '빠드마'라고 합니다. 빠드마는 연꽃을 뜻하는 범어입니다.

일체의 모든 법이 생성하고 소멸함을 깨달아서 닦을 것을 다 닦고 끊을 것을 다 끊었으므로 여래라고 합니다. 여래가 세상에 계시는 것은, 연꽃이 진흙 속에서 났더라도 진흙이 묻지 않는 것과 같이, 세상에 있으면서도 세상에 집착하지 않으며 일체의 번뇌를 부수고 마침내 생사의 경계를 여의므로 여래라고 합니다. 불교에서는 연꽃을 상징적인, 지혜와 자비를 상징하는 의미로써 많이 씁니다.

"**자가라 욕다야 사바하**"는 "짜끄라 육따야 쓰와하"로 "보륜을 사용하는 님을 위하여 쓰와하"입니다. 보륜이라는 것은 짜끄라를 번역한 것입니다. "짜끄라"라고 하는 것은 고대 인도의 원형으로 생긴 무기입니다. 굉장한 파괴력을 지닌 무기였다고 합니다. 그러나 후대에 오면서 이것이 진리를 상징하는 의미로써 쓰이게 됐습니다. 그래서 보륜, 보배의 수레바퀴라고 하는 것은 다름 아닌 법륜이 되는 것입니다. 부처님의 가르침, 법륜을 굴린다고 말합니다.

부처님께서도 초전법륜이라고 해서, 부처님의 가르침을 우리에게 오셔서, 여래가 되어 우리에게 오셔서 법륜을 굴리셨습니다. 법륜 중에 초기에 가르친 아주 기본적인 법륜이 바로 사성제四聖諦였습니다. 고苦・집集・멸滅・도道, 고통과 집착—아집—, 고의 소멸, 고의 소멸에 이르는 길, 이것이 법륜의 첫째입니다. 우리는 고통이라는 것을, 내가 무엇이 없기 때문에, 돈이 적기 때문에, 내지는 저 사람 때문에 내가 고통스럽다, 이렇게 생각하기가 쉽습니다. 그러나 고통이라는 것은 근본원인이 외부에서 오는 것이 아닙니다. "고통은 자신이 수용하는 만큼 받는다."라는 표현이 있습니다. 내가 수용하지 않으면 받을 수가 없는 것입니다.

어떤 분이 회사에서 생활하면서 사내에 아주 마음에 드는 여인이 있었습니다. 그런데 그 여인은 다른 남자와 친근하게 지내는 겁니다. 너무 고통스럽죠. '아, 내가 저 여자를 좋아하는 만큼 저 여인도 나를 좋아했으면 좋겠는데.' 그런데 그게 아니고 오히려 다른 남자와 더 친근하게 지내고, 같은 사무실에서 근무하다 보니 매일 보게 되죠. 다른 남자와 친근하게 대하는 모습도 매일 보이고, 그러니까 괴롭죠. 너무 괴롭고 '아, 저것들 때문에 내가 괴롭구나.' 이렇게 생각했습니다. 그 괴로움을 참다참다 '안 되겠다. 절에 가서 기도도 하고 마음을 좀 쉬고 와야겠다.' 해서, 오대산 상원사에 적멸보궁을 찾아 가게 됩니다. 며칠 동안 기도도 하고 마음도 좀 쉬고 이러다 보니 마음이 상당히 편해지고 그 여인에 대한 애착이 좀 쉬었습니다.

그래서 돌아와 보니, 전에는 자신의 앞에서 둘이서 친근하게 얘기하고 농담하는 것만 보아도 속에서 불이 올라왔는데 이제 아무렇지도 않는 거예요. 그때 터득하게 된 거죠. '저 사람들 때문에 내가 이렇게 괴롭다고 생각했는데 그것이 잘못된 생각이었구나. 저 사람들 때문에 내가 괴로웠던 것이 아니라 저 사람에 대한 나의 애착 때문에 내가 그렇게 괴로웠던 것이구나.'

저 사람들은 내가 기도를 가기 전과 똑같이 행동을 하고 있지만 내 마음이 바뀌니까 고통이 사라져 버린 것입니다. 저 여인에 대한 나의 애착이 쉬니까 내가 더 이상 괴롭지 않았던 것입니다.

그것이야말로 고집멸도에 이르는 지름길이라는 거죠. “모든 고의 근본 원인은 나에게 있다. 나의 애착에 있다. 내가 있기 때문에, 나의 애착이 있기 때문에 내가 고통을 받는 것이구나.” 이렇게 아는 것이야말로 고집멸도에 이르는 지름길이라 하는 것이죠.

우리가 이 세상을 살아가는 처지에서 외부의 환경을 완전히 무시할 수는 없습니다. 그러나 그것은 연緣에 불과한 것이죠. 나의 마음이 인因입니다. 두 손바닥이 마주쳐야 소리가 나는 것처럼 나의 마음인 인과 외부의 환경인 연이 마주쳐서 모든 일이 생겨나는 것입니다.

그 순서를 굳이 따지자면, 인이 먼저고 연이 나중이라는 것이죠. 왜냐? 과거에 내가 지은 인이 현재의 연으로서 나타나는 것입니다. 그래서 현재의 연이 마음에 안 들면 현재에 새로운 인을 지어야 하는 것이죠. 내가 마음가짐을 바꾸고, 몸가짐을 바꾸고, 이것이 바로 현재의 인을 새로 짓는 것입니다. 이렇게 새롭게 지어나가면 앞으로의 연은 바뀐다고 하는 것이죠. 앞으로의 연을 바꾸고 싶으면 현재의 인을 바꾸는 것, 이것이 가장 빠르다는 것입니다.

내 마음은 그대로 놓아두고, 밖의 것만, 연만 자꾸 바꾸려

하면 그것은 돌아가는 길입니다. 남의 마음 닦아주는 것이 쉽겠습니까, 내 마음 먼저 닦는 것이 쉽겠습니까? 내 마음을 먼저 닦아야지, 내 마음은 그냥 놓아두고 남의 마음을 닦아주려 노력하다 보면 그것 참 부질없는 노력을 하게 되고 맨날 시비가 그치지 않는다고 하는 것이죠. 그것이 바로 "보륜을 사용한다, 법륜을 굴린다"고 하는 것입니다.

"법륜을 굴리겠습니다" 하고 발원을 세우면 굉장한 변화를 체험하게 됩니다. 지금까지는 맨날 법륜의 굴림만 당하고 살았죠. 그러나 "지금부터는 저도 법륜을 굴리겠습니다. 모든 것을 완벽하게 알아서 굴리는 것이 아니라 현재까지라도 알고 있는, 또는 보고 듣고 배운 것들을 나 혼자만 간직할 것이 아니라, 다른 사람에게 주위의 가까운 분들부터 내가 전파를 하겠습니다." 이렇게 마음을 먹고 가는 곳마다 불보살님께 원을 세우면 변화를 체험하게 됩니다. "법륜을 굴리겠습니다" 하는 발원을 세우게 되면 다섯 가지 변화가, 공덕이 생겨납니다.

다섯 가지가 무엇인가? 첫째, 인생의 목표가 바로 선다고 하는 것이죠. 인생의 목표가 법륜을 굴리는 쪽으로 서는 것입니다. 우리가 이 세상에 올 때, 본래 주어진 의미는 없습니다. 사실은 업으로 태어난 것이죠. 그러나 인생의 의미는 내가 부여하는 만큼 생겨나는 것입니다. 일체유심조一切唯心造이기 때문입니다. 그래서 내가 '나는 먹고 놀기 위해서 왔다' 이러면 먹고 놀기 위해서 온 존재가 되는 것이고, '나는 법륜을 굴리기 위해서 왔다' 하게 되면 내가 법륜을 굴리기 위해서 온 것이 됩니다.

그래서 인생의 목표가 바로 서게 되면 두 번째로 불보살님의 가피를 흠뻑 받게 됩니다. 다른 사람들은 전부 부처님께 와서 "부처님, 부자가 되게 해주시고, 시험에 합격하게 해주시고, 건강하게 해주시고, 승진하게 해주세요." 전부 이렇게 해달라고 구걸을 하는데—그것이 바로 구걸형 기도죠—, 이 사람은 구걸을 하지 않고 "부처님, 제가 이 정도만 살게 된 것도 감사합니다. 제가 법당에 와서 절을 할 수 있게 된 것만으로도 감사합니다. 앞으로는 법륜을 굴리겠습니다." 이렇게 감사할 줄 알고, 또 법륜을 굴리겠다는 발원을 세우게 되면 당연히 그쪽에 흠뻑 가피를 줄 수밖에 없겠죠.

왜냐? 법륜을 굴리는 일은 본래 부처님이 하실 일입니다. 부처님이 법륜을 굴림으로서 중생을 제도하기 위해서 이 땅에 오신 거죠. 화신불로도 나투고, 보신불로도 나투고, 중생 제도를 위해서 이렇게 나투어 지금도 열심히 뛰고 계십니다. 그런데 부처님께서, 보살님께서 하실 일을 같이 하겠다고 하니까 얼마나 기특하겠습니까? "선재善哉선재善哉라." 하하하. 선재

선재라는 말을 착할 선善자로 번역하는 분들이 많은데, 경전에 보면 착하다는 의미가 아니고 기특하다는 의미가 더 많이 들어 있습니다.

"기특하고 기특하구나. 그래, 법륜을 굴릴 수 있도록 내가 옆에서 도와주리라. 가피를 흠뻑 내리리라."

이렇게 불보살님의 가피를 흠뻑 받는 비결은 어렵지 않습니다. 맨날 "이거해 주세요, 저거해 주세요"—아무리 앞에다 미사여구를, 좋은 말을 끌어대고 우주의 평화, 세계의 평화, 이런 말을 해도 끝을 '해주십시오'라고 맺는 것은 전부 '구걸형 기도'라고 하는 것입니다— 하고 구걸하는 마음을 연습하면 거지나 종이 됩니다. 베푸는 마음을 연습해야 주인이자 부자가 됩니다. 왜냐? 마음이 먼저고 현실은 나중이기 때문입니다.

"법륜을 굴리겠습니다", 이것은 당당하고 베푸는 마음입니다. "세계의 평화를 주소서, 건강을 주소서, 행복을 주소서", 이것은 전부 구걸하는 마음입니다. 구걸하는 마음을 연습하는 것은 스스로를 종으로 만드는 것입니다. "주님! 제가 당신의 종입니다."

종은 스스로 할 수 있는 것이 없죠. 구걸할 수밖에 없습니다, 주인님한테. 그러나 불교는 종을 만드는 종교가 아닙니다. "누구나 자기 인생의 주인이다. 탐진치 삼독을 정복하는 것이야말로 최상의 승리자다. 너는 참 자유인이다. 부처도 될 수 있는데 뭔들 될 수 없으랴. 신도 될 수 있고, 인간도 될 수 있고, 축생도 될 수 있고, 네가 선택하는 것이다." 이것이 바로 불교의 핵심 가르침이죠. 그러므로 더 이상 구걸할 것 없이 발원형 기도, 발원을 해야 하는 것입니다. "법륜을 굴리겠습니다" 하는 이런 발원을 세우게 되면 불보살님의 가피를 흠뻑 받게 되는 것입니다.

그 다음에 세 번째는, 그렇게 하면 바로 공부가 잘 되는 것이죠. 맨날 듣기만 하는 공부와 남에게 전파하기 위해서 하는 공부, 이것은 차원이 다르다고 하는 것입니다. 저도 승가대학, 강원에서 학인스님들을 가르치고 있지만, 저도 강원을 졸업했습니다. 그런데 강원의 학생으로서, 학인으로서 공부를 할 때와 제가 중강이 되고 강사가 되어서 강의를 할 때와는 천양지차입니다. 맨날 듣기만 할 때에는 저도 그냥 '아 그런가 그런가' 하고 듣고 졸기도 하고 넘어가지만 제가 직접 가르침을 펼려고 하니까 열심히 공부를 하게 됩니다. 왜냐? 학인스님들에게 창피 당하면 안 되니까. 하하하. 그래서 가르치려 하다 보면 '이 귀절들이 가지고 있는 진정한 뜻이 무엇인가?', 그것들을 철저하게 규명하고자 노력하게 됩니다. 그래서 공부가 잘 되는 것입니다.

그 다음에 네 번째는 가족이 잘 됩니다. 내가 불보살님의 가피를 흠뻑 받고 공부가 잘 되고 인생의 목표가 바로 서게 되면, 내 주변의 가족들은 저절로 그 영향을 받고 지혜와 자비의 빛을 받게 되는 것입니다. 자기는 일 년에 책 한 번 제대로 안 보면서 아이에게 맨날 "책 봐라 공부해라" 하면 아이들이 공부를 합니까? 내가 모범을 보이는 것, 이것이야말로 아이들한테는 가장 중요한 일입니다. 그러니 내가 잘 되면 자연히, 내 마음이 편안해지면 가족이 편안해지고, 가정이 밝아지면 사회가 밝아지고, 이렇게 되는 것이죠. 그것을 멀리서 찾을 것도 없습니다.

마지막 다섯 번째로는, 열심히 살되 애착이 없게 됩니다. 열심히 살라는 것이 부처님의 가르침입니다. 부처님이 이 세상에 오신 뜻은 우리한테 허무주의에 빠져서 "되는 대로 살아라", 이런 것이 결코 아닙니다. 열심히 살되 애착하지 말라는 것입니다. 열심히 살되 애착하지 않는 비결이 무엇인가? 바로 원을 세워서 사는 것입니다.

"법륜을 굴리겠습니다" 하고 원을 세우게 되면 그 원을 성취하기 위해서 열심히 사는 것이죠. 그러나 원은, 과정을 즐길 줄 아는 게 바로 원의 매력입니다. 이 원의 달성이 언제 되겠습니까? 계속 굴리는 것이죠. 목적만을 중시하는 것이 아니라

원을 세우고 하나씩 하나씩 실천해 나가는 과정 자체를 즐길 줄 알 때 애착이 쉬게 됩니다. 모든 것이 법륜을 굴리기 위해서 하는 게 되죠. 밥을 먹는 것도 법륜을 굴리기 위해서 먹고, 잠을 자는 것도 법륜을 굴리기 위해서 자고…. 왜냐? 몸이 건강해야, 정신이 맑아야 법륜을 굴리니까. 돈을 버는 것도 법륜을 굴리기 위해서 벌고, 일을 하는 것도 법륜을 굴리기 위해서 일하는 것입니다.

원을 세우기 전에는 업생을 사는 것이기 때문에 잠을 자도 나를 위해서고, 밥을 먹어도 나를 위해서 먹고, 돈을 버는 것도 나와 내 가족을 위해서 벌고, 이렇게 모든 것이 나에게 초점이 맞춰져 있습니다. 내 가족을 위한다고 얘기하지만 내 가족도 결국은 나를 위한 것이죠. 모든 것이 나를 위해서 초점이 맞춰진 삶에서 모든 것이 법륜을 위해서 초점이 맞추어지는 삶으로 바꾸는 바로 그 비결, 진정한 무아체험은 발원에서 오는 것입니다.

발원을 안 세우고 사는 불자는 진정한 불자가 아니라고까지 얘기할 수 있습니다. 대승보살은 첫째가 발원이고, 발원 중의 발원은 "법륜을 굴리겠습니다" 하는 발원입니다. 그래서 지금 이 순간에 "법륜을 굴리겠습니다" 하고 발원을 세우면 바로 그 자리에서 보살이 되는 것이죠. 보살도를 실행해 나가는 관세음보살님처럼 우리도 관세음보살님의 분신이 되어서 능력이 되는 것부터 하나씩 해 나가면 되겠습니다.

8) 우주의 소리, 관세음보살

"**상카섭나네 모다나야 사바하**"는 "상카 삽다 니보다나야 쓰와하"로 "소라고동에서 소리가 울릴 때 깨어난 님을 위하여 쓰와하"입니다. "소라고동에서 소리가 울릴 때 깨어난 님", 이것도 역시 관세음보살님을 뜻하는 것입니다. 소라고동이라는 것은 다름 아닌 창조·유지·파괴로 상징되는 우주의 진동, '옴' 소리를 상징하는 것입니다. 이 "소라고동에서 소리가 울릴 때 깨어났다", 이 소리라는 것이 굉장하게 의미심장합니다. 능엄경에 보면 우리가 깨달음을 얻을 수 있는 스물다섯 가지 방법이 있습니다. 그 중에서 가장 뛰어난 방법, 그것은 바로 이근을 사용하는 방법입니다. 이근이 무엇인가? "관세음보살 관세음보살" 하면서 그 소리를 듣는 것입니다. 귀 이耳자 뿌리 근根자, 귀뿌리죠. 소리를 듣고, 듣는 성품을 돌이켜 듣는 방법, 이것이야말로 굉장한 최고의 수행법이라고 권장을 하고 있습니다.

우리는 안·이·비·설·신·의 이 여섯 가지 감각기관이

있습니다. 그런데 다른 감각기관들은 귀뿌리처럼 오래가거나 수승하지 못합니다. 눈은 눈앞에 종이 한 장만 가려도 못 봅니다. 코는 조금만 냄새를 맡아도 바로 마비가 됩니다. 그래서 똥 푸는 사람이 하루종일 똥을 풀 수 있는 이유가 처음에는 냄새가 나더라도 나중에는 감각이 마비돼서 스스로 냄새를 전혀 못 맡기 때문에 가능한 거죠. 그 다음에 거리가 조금 떨어져도 냄새 맡기가 어렵습니다. 혀는 직접 물건에 닿아야 맛을 알 수가 있습니다. 혀도 마비가 쉽게 됩니다. 뜨거운 거 먹었다 찬 거 먹었다 단 거 먹었다 짠 거 먹었다 하면 맛을 제대로 감지할 수 없습니다. 그 다음에 몸도 접촉, 이것도 역시 직접 닿아야 촉감을 느낄 수 있는 것이죠. 뜻·생각은 말과 같고 원숭이와 같아서 한시도 가만히 안 있고 왔다갔다, 과거로 갔다가 미래로 갔다가, 저 장소에도 갔다가 이 장소에도 갔다가, 가만히 있지를 못합니다. 말뚝에 매어놓기가 정말 힘든 게 바로 마음입니다.

한 시간만 가부좌를 틀고 앉아 있어도 대부분의 사람들이 체험을 하게 됩니다. 화두는 한 5분 잡히고 나머지 55분 동안 번뇌 망상에 시달리는 것이 일반적인 추세입니다. 그러나 귀, 귀뿌리는 소리가, 거리가 어느 정도 떨어져 있어도 들을 수 있고, 또 계속해서 들어도 꾸준히 들을 수 있다는 아주 큰 장점을 가집니다.

그래서 어떤 방법으로든 깨달음을 얻을 수는 있는데, 즉 원통을 얻을 수 있는 스물다섯 가지 방법이 있는데, 그 중에서 가장 권장할 만한 방법, 바로 관세음보살이 원통을 얻고 문수보살님이 원통을 얻은 방법, 석가모니 부처님께서 추천하신 방법, 이것이 바로 이근원통법耳根圓通法입니다. 그래서 "관세음보살"을 염하든, "마하반야바라밀"을 염하든 그 소리를 스스로가 들어야 합니다. 듣고 있는 순간 그것에 바로 집중을 할 수 있고 삼매에 들어갈 수 있는 비결이 거기에 있습니다.

그래서 소리를 듣고 어느 정도 몸과 마음이 집중이 되고 안정이 되고 삼매가 성취되면, 그때는 듣는 성품, 소리를 듣는 이 성품이 어떤 것인가, 어떻게 생겼을까, 하고 그 듣는 성품을 밝혀내야 한다는 것입니다. 사실 소리는 생멸이 있지만 듣는 성품에는 생멸이 없습니다. 듣는 성품은 계속해서 듣고 있습니다. "성유생멸聲有生滅이나 문성聞性은 상재常在라" 이런 말이 있습니다. 소리에는 생멸이 있지만 듣는 성품은 항상 존재한다는 거죠.

종소리가 '꽝~' 났다가 사라집니다. 또 좀 있다가 '꽝~' 났다가 사라집니다. 종소리는 생겨났다 소멸했다, 생겨났다 소멸했다, 생멸을 거듭합니다. 그러나 종소리를 듣고 있는 나의 성품은 종소리와 함께 생멸하는 것은 아닙니다. 소리가 없어진다고 듣는 성품도 같이 없어지는 것은 아니라는 말이죠.

성품 · 자성 · 불성 · 본마음, 다 같은 말입니다. 이것은 바로 자성, 무한한 가능성을 이야기하죠. 여러분은 모두 무한한 가능성을 가지고 있는데 그것을 어떻게 쓸 것인가. 그것은 바로 여러분에게 달려 있는 것입니다. "내가 선택한다." 왜냐? 자신의 주인은 자신이기 때문에.

스스로 선택치 않고 무조건 "당신의 뜻대로 하소서." 이러면 밖에서 뭐라고 하냐 하면, "니 뜻이 내 뜻이다." 합니다. 하하하. 그러니까 분별심을 쉬고 자기의 본마음 참나 자리로 돌아갈 수 있게 꾸준히 공부해야 합니다. 마음공부를……

분별심을 진짜 자기 뜻인 줄 알면 안 됩니다. 그래서 "네 마음 내키는 대로 해라."를 자칫하면 분별심을 가지고 막행막식을 하라는 소리로 알기 쉬운데 그게 아닙니다. 분별심이 쉰 상태에서, 지혜의 빛으로, 소라고동에서 소리가 울릴 때 깨어난 님처럼, 이런 말입니다.

"**마하라 구타다라야 사바하**"는 "마하 라꾸따 다라야 쓰와하"로 "위대한 금강저를 지닌 님을 위하여 쓰와하"입니다. 금강저, 이것도 역시 옛날에 쓰던 무기의 일종입니다. 악마를 쳐부수고 천둥처럼 내리치던 무기죠. 이것이 불교에서는 무지의 어둠을 파괴하고 지혜의 빛을 상징하는 그런 상징물로써 쓰인 것입니다. 위대한 금강저를 지닌 님, 바로 관세음보살입니다.

"**바마사간타 이사 시체다 가릿나 이나야 사바하**"는 "바마 쓰깐다 디샤 쓰티따 끄리슈나 지나야 쓰와하"로 "왼쪽 어깨 쪽에 서 있는 승리의 끄리슈나님을 위하여 쓰와하"입니다. 왼쪽 어깨 쪽에 서 있는 승리의 끄리슈나님, 이것은 인도의 대 서사시인 마하바라타 또는 바가바드기타 이런 데에 언급되어 있는 이야기가 있습니다. 바로 끄리슈나 신에 대한 이야기죠.

전쟁터에 나간 아르주나 왕자의 마부로 변신해서 그 왕자의 왼쪽에서 절대자로서의 가르침을 전하는 끄리슈나 신을 이야기합니다. 왕자의 왼쪽 어깨 쪽에 서서 전쟁의 공포와 친족을 죽여야 하는 괴로움에 빠진 왕자 아르주나에게 가르침을 설해 줍니다. 그것이 바로 "왼쪽 어깨 쪽에 서 있는 승리의 끄리슈나님을 위하여 쓰와하"가 되겠습니다.

"**먀가라잘마 이바 사나야 사바하**"는 "비아그라 짜르마 니바싸나야 쓰와하"로 "호랑이 가죽 위에서 명상하는 님을 위하여 쓰와하"입니다. "호랑이 가죽 위에서 명상하는 님", 여기서

호랑이 가죽이라는 것은 수행자가 명상 중에 극복해야 할 감각적 쾌락, 욕망, 갈애, 이런 것을 상징합니다. 그래서 쾌락이나 욕망을 극복한 상태를 "호랑이 가죽 위에서 명상하는 님"이 의미한다고 볼 수 있습니다. 평정, 평정심, 이런 것을 얘기한다고 할 수 있겠죠.

여기까지는 관세음보살님의 여러 가지 모습들입니다. 관세음보살님은 수많은 중생들을 제도해야 하기 때문에 한 가지 모습만 가지고 각기 다른 차원의 각기 다른 근기의 중생을 제도할 수가 없습니다. 그래서 갖가지 모습으로, 여러 가지 모습을 나투어서 중생을 제도하는 님이라는 의미에서 "관세음보살님을 위하여"–관세음보살님에 대한 찬미, 공덕을 찬미하는 내용과 함께–, 원만히, 우리에게도 그런 공덕이 원만히 성취되기 바라는 말 "쓰와하" 이렇게 나오는 것입니다.

"**나모라 다나다라 야야**"는 앞에서, 처음에 시작할 때 나왔습니다. "나모 라뜨나 뜨라야야"로 "삼보님께 귀의합니다."라는 의미입니다. "나모"는 귀의한다는 뜻이고, "라뜨나"는 보배를 뜻하고, "뜨라야야"는 세 가지 것으로 된, 그래서 삼보가 되겠습니다. 신묘장구대다라니를 마감하면서 다시 한번 삼보에 대한 귀의를 표현하는 것입니다.

"나막알야 바로기제 새바라야 사바하"는 "나마 아리아 아발로키테슈와라야 쓰와하"로 "거룩한 관세음보살님께 귀의합니다."라는 뜻입니다.

따라서 "나모라 다나다라 야야 나막알야 바로기제 새바라야 사바하" 이것은 바로 "삼보에 귀의하고 거룩한 관세음보살님께 귀의한다."는 그런 내용이 되겠습니다.

현재 우리가 읽고 있는 신묘장구대다라니에는 여기까지 나와 있는데, 범본 다라니에 보면 두 문장이 더 있습니다.

"옴 시띠안뚜"-"모든 것이 성취될지이다."
"만뜨라 빠다야 쓰와하"-"진리의 말씀을 위하여 쓰와하"

이 두 문장이 더 들어 있습니다.

"옴 시띠안뚜"는 "모든 것이 성취될지이다" 이런 뜻이고, "만뜨라 빠다야 쓰와하"는 "진리의 말씀을 위하여 쓰와하"로, 산스크리트 본에는 이 두 문장이 더 들어 있습니다.

다라니에 대해서 대다라니경에 보면 이런 표현이 있습니다.

"옳지 못한 일을 위해서 외우거나 지성으로 외우지 않는 경우를 제외하고 누구든지 이 다라니를 외우면 현재의 삶 속에서 구하는 모든 것을 다 이루게 될 것이다."

현재의 삶 속에서 무엇인가 이루고 싶은 것이 있다면 이 다라니를 지송하면 모든 것을 다 이루게 된다는 말입니다. 다만 두 가지 예외가 있는데, 첫째는 옳지 못한 일을 위해서 외우는 경우입니다. 가령 내가 원하는 것이 내가 미워하는 놈, 남을 해코지 하려고 외우면 안 된다는 것이죠. 또는 지성으로 외우지 않는 경우입니다.

다라니를 외우게 되면은 앉으나 서나 시간이 날 때마다 계속해서 해야 하는 것이죠. 한국 불교의 선지식 숭산 큰스님께서도 다라니를 가지고 백일기도를 해서 득력을 하셨습니다. 힘을 얻어서, 그 이후로 해외까지 포교를 하시게 되었습니다. 다라니로 득력을 하신 분들은 많습니다. 수월 큰스님, 용성 큰스님, 숭산 큰스님, 이 외에도 많은 스님들과 재가 불자님들이 다라니를 가지고 힘을 얻었고, 저도 진퇴양난에, 어려운 일에 봉착하게 되면 죽어라고 다라니를 외웁니다. "걱정할 시간에 기도해라. 기도하면 해결이 되는데 뭐 하러 걱정하고 앉아 있느냐." 제가 이렇게 말씀을 드리는 것도 스스로 경험에서 터득한 것이기 때문입니다.

어떤 스님이 배를 타고 한 섬에 들어가게 되었습니다. 그런데 섬 안에 스님이 한 분 살고 계셨는데, 그 스님이 다라니를 계속 외우고 있더랍니다. 가만히 들어보니 삼분의 일은 빠지고 문장도 틀리고 그렇게 외우고 있는 거예요. 그래서 다시 새로 적어드리며, "스님, 지금 들어보니까 다라니의 내용이 많이 잘못되었습니다." 하고 올바로 적어 주었습니다.

그리고 다시 배를 타고 나오는데, 배를 타고 몇 백 미터 쭉 나왔는데, 아까 그 스님이 물 위를 막 뛰어오더랍니다. 하하하. 물 위를, 바다 위를 뛰어오며 "스님, 스님" 하고 부르더랍니다. "무슨 일이냐?"고 물었더니, "아까 스님이 적어준 것을 잊어버렸다."며 다시 한 번 적어달라고 하더랍니다. 그런데 가만 보니, 옳게 다라니를 하고 있는 자기보다 신통력도 더 대단하고 마음도 더 쉬고 해서 "그냥 전에 하시던 대로 하시라."고 했다는 일화가 있습니다.

그것과 마찬가지로 지금까지 다라니를 가지고 범어 원본도 말씀드리고, 띄어쓰기도 새롭게 말씀드리고, 그 뜻도 음미를 해봤지만, 그러나 그 무엇보다 중요한 것은 다라니를 외우는 마음가짐입니다.

첫째는 대비심을 내야 됩니다. 다라니를 외울 때 대비심을 내는 것이 우선적으로 중요합니다. "나도 관세음보살님처럼, 내가 관세음보살한테 바라는 것처럼, 나도 다른 사람들한테 그렇게 해 주리라.” 이런 마음을 먹으면 다라니를 안 외워도 바로 관세음보살님이 가피를 내리십니다. 그래서 첫째가 그런 대자대비심을 발해야 하는 것이고, 둘째는 보리심, 법륜을 내 스스로도 깨닫고 또 남들에게도 굴리겠다고 하는 보리심, 이것이야말로 다라니의 마음가짐입니다.

그래서 중간에 부분적으로 글자가 틀리거나 하더라도 관세음보살님께서는 ‘저놈이 글자를 맞게 외우나 틀리게 외우나’ 그걸 보시는 게 아니라, ‘저놈이 어떤 마음가짐을 가지고 이것을 외우고 있나’ 이것을 보시는 것입니다. “중간에 조금 틀리거나 문장이 빠지거나 이런 것들보다 더 중요한 것은 다라니를 외우는 이의 마음가짐이다”, 이것을 확신하여야 합니다. 왜냐? “관세음보살께서는 마음가짐을 읽고 보신다. 여래는 실지실견悉知悉見이다. 여래는 다 알고 다 보고 계신다.”라고 하는 것이죠. 그래서 이런 “올바른 마음가짐을 가지고 다라니경을 외운다면 누구나 구하는 바를 모두 성취하게 된다”, 이런 확신을 가지시길 바랍니다.

3. 참회와 발원

1) 참회 ①

앞에서 천수경은 크게 세 부분으로 나눌 수가 있다고 말씀드렸습니다. 신묘장구대다라니를 중심으로 해서 그 앞부분과 그 뒷부분, 이렇게 세 부분으로 나눌 수가 있었습니다.

신묘장구대다라니의 앞부분은 바로 이 대다라니를 열기를 청하는 부분이었죠. 그래서 관세음보살님의 덕을 칭송하고 발원-주문을 지송하기 전에 발원을 하고-, 원을 발한 다음에 관세음보살님의 명호, 그 다음에 아미타부처님의 명호를 칭명하는 그런 순서였습니다.

그 다음에 신묘장구대다라니야말로 천수경의 가장 핵심에

해당하는 부분이었습니다. 그리고 다라니를 마치고 나서는 참회, 준제진언, 그리고 발원을 하는 순서로 마무리되고 있습니다. 지금부터는 참회를 하고, 준제진언을 하고, 대원을 발하는 그런 내용에 대해서 살펴보도록 하겠습니다. 먼저 참회 부분을 한 번 독송해 보고 풀이를 하도록 하겠습니다.

일쇄동방결도량 이쇄남방득청량
삼쇄서방구정토 사쇄북방영안강
도량청정무하예 삼보천룡강차지
아금지송묘진언 원사자비밀가호
아석소조제악업 개유무시탐진치
종신구의지소생 일체아금개참회
나무참제업장보승장불 보광왕화염조불
일체향화자재력왕불 백억항하사결정불
진위덕불 금강견강소복괴산불
보광월전묘음존왕불 환희장마니보적불
무진향승왕불 사자월불
환희장엄주왕불 제보당마니승광불
살생중죄금일참회 투도중죄금일참회
사음중죄금일참회 망어중죄금일참회

기어중죄금일참회 양설중죄금일참회
악구중죄금일참회 탐애중죄금일참회
진에중죄금일참회 치암중죄금일참회
백겁적집죄 일념돈탕제 여화분고초 멸진무유여
죄무자성종심기 심약멸시죄역망
죄망심멸양구공 시즉명위진참회
참회진언
옴 살바 못자모지 사다야 사바하
옴 살바 못자모지 사다야 사바하
옴 살바 못자모지 사다야 사바하

다라니를 마치고 다라니의 공덕 등을 실체화, 즉 '내 것'으로 만들기 위해서 참회와 발원을 합니다. 신묘장구대다라니를 마치고 나서 먼저 사방찬四方讚을 합니다. 사방을 찬탄하는 거죠.

일쇄동방결도량一灑東方潔道場 이쇄남방득청량二灑南方得淸凉
삼쇄서방구정토三灑西方俱淨土 사쇄북방영안강四灑北方永安康

여기서 쇄자는 물 뿌릴 쇄灑자입니다. 우리가 청소를 할 때 쓸고 닦고 하는 청소를 하지만, 가장 깨끗한 청소는 완전히 물을 뿌려서 깨끗하게 닦아내는 것이 최고로 깨끗한 거죠. '쇄락하다' 이런 표현을 씁니다. 물 뿌려서 청소하니까 청정하고 깨끗하다, 즉 모든 티끌이 떨어져버린 이런 상태를 뜻하죠.

한 번 물 뿌리니 동방의 도량이 청결해지고, 두 번 물 뿌리니 남방에 청량함을 얻고, 세 번 물 뿌리니 서방에 정토를 갖추게 되고, 네 번 물 뿌리니 북방에 안강이 길이 빛난다－편안하고 건강해진다－, 이런 말입니다.

그래서 한 번, 두 번, 세 번, 네 번 해서 동서남북 사방이 전부 청량해졌다는 의미입니다. 여기서 물을 뿌린다는 것은 바로 다라니의 물을 뿌린다는 의미로 볼 수 있겠죠. 다라니를 지송하게 되면 다라니의 물이 사방으로 흩어집니다. 우리가 불전에 기도를 하거나 이럴 때 보통 청정수를 부처님 앞에 떠놓고 하게 되죠. 그러면 신기한 일이－바로 '물은 답을 알고 있다'라는 책에 자세히 나와 있습니다－, 물의 결정체가 바뀐다고 하는 것입니다.

똑같은 물인데도 불구하고 같은 물을 떠서 한 병은 그대로 놔두고, 또 다른 한 병은 부처님 앞에 놓고 거기다 대고, 예를 들어 다라니를 108독을 하거나 기도를 하고 나서, 두 물의 결정체를 조사해 보면 다르게 변해 있다는 것입니다. 처음에는 분명히 똑같은 물이었는데 기도 소리를 들은 물, 다라니소리를 들은 물과 그걸 듣지 않은 물과는 결정체가 다르다는 것입니다. 기도를 하지 않은 물은 육각수—건강한 물을 보통 육각수라고 합니다—, 정육면체의 모양이 잘 나타나지 않고 흐릿하고 결정을 제대로 이루지 않는 데 비해서, 기도를 하고 난 뒤의 물은 육각수의 결정체가 뚜렷이 나타나는 겁니다. 그 어떤 에너지가 전달이 되는 것이죠. 다라니, 기도, 이걸 통해서 에너지가 전달이 됩니다.

요즘 어떤 광고를 보면 "생각이 에너지다" 이런 얘기가 있습니다. 그건 맞는 말입니다. 우리의 생각 자체가 에너지입니다. 파동, 에너지, 이런 것들은 끊임없이 전달이 되고 있다는 거죠. 그래서 우리가 정말 공부가 잘 되신 큰스님 앞에 가면 굳이 여러 말을 안 해도 저절로 마음이 편안해지거나 또는 눈물이 솟아오르거나 이런 것들을 체험하게 되죠. 그것은 뭐냐? 그것은 우리가 전부 생각의 에너지, 생각의 파동을 다 갖고 있기 때문에 굳이 말을 안 해도, 그 사람 곁에만 가도 그걸 느낄 수 있다고 하는 것이죠. 이것이 전혀 허망한 일은 아니라고 하는 것입니다.

그래서 다라니의 물을 한 번 뿌리니까 동방의 도량이 청결해지고, 두 번 뿌리니까 남방에 청량함을 얻고, 청량이라는 것은 아주 시원하다는 뜻이죠. '청량음료, 시원해진다' 등이 연상되죠. 중국에 청량국사 징관이라는 스님이 계셨습니다. 이 분은 화엄종의 가르침을 펴신 분인데, 얼마나 법문을 잘 하시는지 이 분 법문을 들으면 사람들이 마음이 다 청량해졌다고 해서 나중에 청량국사라는 시호를 받게 됩니다. 정말 법문을 잘 들으면 마음이 시원해지죠. 그걸 바로 청량 법문이라고 합니다.

삼쇄서방구정토, 세 번 물 뿌리니 서방의 정토를 갖추게 된다. 정토가 십만억 국토를 지나서 있는 게 아니라 바로 지금 이 순간 나의 마음이 청정해지면 정토가 이 자리에서 구현된다고 하는 것입니다.

사쇄북방영안강, 네 번째 물을 뿌리니 길이 편안하고 건강해진다. 모든 사방의 도량이 다라니의 청정수로서, 다라니의 에너지로서 맑고 청결해지는 것을 뜻합니다. 왜냐, 다라니를 외우니까 사방이 맑아지고, 사방이 맑아지니까 비로소 삼보천룡께서 이 땅에 내려오신다고 하는 거죠. 그래서 그 뒤에 바로 도량찬道場讚이 이어집니다. 도량을 찬탄하는 것이죠.

도량청정무하예道場清淨無瑕穢 삼보천룡강차지三寶天龍降此地
아금지송묘진언我今持誦妙眞言 원사자비밀가호願賜慈悲密加護

도량이 청정해져서 무하예, "하"라는 것은 옥의 티라고 할 때의 "티"를 뜻합니다. "예"도 더러울 예穢자죠. 그러니까 "도량이 청정해서 티와 더러움이 사라지니", 삼보천룡강차지, "삼보와 천룡께서 이 땅에 하강하시네." 도량이 맑아지니까 삼보천룡이 올 만한 그런 곳이 되었다는 것이죠.

도량 중의 도량은 직심시도량直心是道場이죠. "곧은 마음이 도량이다"는 말입니다. 다라니를 외우니까 마음이 곧아집니다. 대자대비심, 무상보리심, 이런 마음을 먹게 되니까 당연히 그것은 곧은 마음이고, 내 마음이 청결해지고 따뜻해지고 그렇게 되는 것이죠. 마음의 도량이 그렇게 자비와 보리심으로 가득 차면 당연히 삼보천룡께서 강림을 하신다, 이런 소리입니다. 삼보와 천신, 용신, 이런 호법선신들의 옹호를 받게 되는 것입니다.

아금지송묘진언, "제가 이제 묘진언을 지니고 암송하오니", 원사자비밀가호, "원컨대 베풀어 주소서, 자비로서 은밀히 가호하심을." 가호한다는 것은 더할 가加자에 보호해줄 호護자입니다. 그래서 삼보와 천신, 용신, 이런 신들께서는 우리가 올바른 마음을 가지고 천수다라니나 진언들을 외우게 되면 우리를 가호해주신다, 보호해주시고 더해주신다, 이런 소리입니다.

다시 말해서 '불보살님들이나 신, 이런 존재는 분명히 계시며 나를 도와주시는 분들이다. 나의 후원자, 스폰서' 이렇게 생각하면 되는 것입니다. 내 인생을 대신 살아줄 수는 없습니다. 대신 밥 먹어 줄 수 없고, 대신 잠 자 줄 수 없고, 그런 것처럼 대신해 줄 수는 없지만 그러나 얼마든지 도와줄 수는 있습니다.

아침에 우리가 잠에서 깨어날 때 혼자서 스스로 깨어나는 사람도 있고, 또는 누가 깨워주어서 깨어나는 사람도 있고, 또는 자명종에 시간을 맞춰서 종소리를 듣고 깨어나는 사람도 있습니다. 그것과 마찬가지로 불교는 자각신앙입니다. 스스로가 스스로의 주인공임을 깨우쳐서 자신의 삶을 갈무리해 나가는 참자유인, 대자유인이 되는 그런 신앙체계죠.

그러나 자각신앙이라고 해서 '자력이다' 이렇게만 생각하면 허망해지고 공허해지죠. '내 힘만 가지고 내가 깨달음을 얻겠다.'고 생각하면 '글쎄, 금생에 가능할까? 야, 이건 곤란한 얘기야. 내생에나 기약할 수밖에.' 그러나 내생이라는 것은 어떤 생이 펼쳐질지 알 수가 없는 거죠. 그렇기 때문에 자력만 가지고 하게 되면 어렵습니다.

타력에 힘입어서 자와 타를 함께 써 나갈 때－마치 왼손과 오른손 바닥을 충실하게 해서 박수를 치면 결과가 아주 큰 공명이 울리는 것처럼－, 우리가 자타일시성불도自他一時成佛道 해서, 불보살님들에게 많이 받아서, 또 중생들에게 많이 베푸는 것, 이것이야말로 대승불교의 본뜻이라고 하는 거죠. '나는 뭐, 남의 신세 지는 것도 별로 없고 크게 베풀지도 않고 이렇게 산다.', 이런 사람들이야말로 바로 소승불교의 신봉자라고 하는 거죠. 그러지 말고, 받을 수 있는 것은 흠뻑 받고, 또 줄 수 있는 것은 흠뻑 베풀고… 불보살님들께서 우리에게 주는 뜻은 중생들에게 베풀라고 주는 것이지 본인들이 돌려받기 위해서 주는 것이 아닙니다.

그 다음에 참회게懺悔偈가 되겠습니다.

아석소조제악업我昔所造諸惡業 개유무시탐진치皆由無始貪瞋痴
종신구의지소생從身口意之所生 일체아금개참회一切我今皆懺悔

"제가 과거에 지은 바 모든 악업은 모두 비롯함이 없는 탐진치로 말미암아서 몸과 입과 뜻을 좇아서 지은 바입니다. 일체를 제가 지금 모두 참회합니다." 이런 뜻이 되겠습니다. 아석소조제악업, 제가 과거에 지은 바 모든 악업은, 개유무시탐진치, 모두 무시이래의 탐진치로 말미암았습니다. 종신구의지소생, 몸과 입과 뜻을 좇아서 지은 바를, 일체아금개참회, 일체를 제가 이제 모두 참회합니다.

참회를 하는 방법에는 여러 가지가 있습니다. 제가 해본 것 중에서 아주 좋았던 경험 한 가지를 말씀드리고자 합니다.

제가 오래 전에, 그 당시에 서울에 머물 때였습니다. 매일 아침 새벽에 조계사 대웅전에 가서 항상 참배를 했습니다. 그러면서 어느 날부터인가 갑자기 '참회를 하자'고 생각해서 108배를 하면서 절을 한 번 할 때마다 한 가지씩 참회를 했습니다. 먼저 탐진치 삼독을 참회하는데, 첫 번째로 탐욕 부린 것을 낱낱이 현재부터 과거로 거슬러 올라가면서 한 가지 한 가지 참회를 드리고, 두 번째는 성질 낸 것, 화 낸 것을 또 역시 현재부터 과거로 올라가면서 하나씩 하나씩 낱낱이 참회를 드리고… '부처님, 제가 어제 성질을 냈습니다. 앞으로는 안 그러겠습니다.' 이런 식으로 참회를 했습니다. 그 다음에 나머지 어리석은 언행들, 이런 것들을 낱낱이 참회드리고… 나중에 생각나지 않는, 지금 생각은 나지 않지만 저도 모르게 지은 탐진치, 탐욕 · 성냄 · 어리석음 이것에 대해서 참회를 드리고… 이렇게 매일 108배를 해나갔습니다.

그렇게 한 2주 정도나 3주 정도 하니까 나중에는 몸이, 마음이 얼마나 가벼워지는지, 몸이 공중에 떠다니는 기분이더라고요. 발바닥이 땅에 안 닿는 것 같아요. 자꾸 발밑을 쳐다보게 돼요. 법당에서 참회하고 나오면서 구름 위를 떠간다고 그럴까요? 발바닥이 땅에 닿기는 분명히 닿아 있는데, 공중을 붕붕 떠다니는 그런 느낌, 몸이 그렇게 가벼워지더라고요.

그 다음에 마음이 환희심에 가득 차더라고요. 너무 기쁜 거예요. 환희심이 나서 세상이 다 밝고 아름다워 보이고, 다른 사람들이 다 예뻐 보이고, 모두 다 내 가족 같고…, 이런 체험을 했습니다. 그래서 제가 그때 느낀 것이, "불법을 제대로 체험을 하려면 일단 참회를 제대로 해야 되겠구나. 참회도 그냥 막연하게 하는 것이 아니고 구체적으로 나의 탐욕 · 성냄 · 어리석음을 하나씩 하나씩 현재에서 과거로 올라가면서 구체적으로 참회를 하고, '부처님, 제가 이렇게 이렇게 욕심을 부렸습니다. 앞으로는 안 그러겠습니다.' 이런 식으로."

그 다음에, 참회를 하면서 중요한 것은 무조건적인 참회를 해야 된다는 것입니다. 조건부 참회가 되어서는 의미가 없습니다. 예를 들어서, 길을 가다가 어떤 사람이 밑도 끝도 없이, 이유도 없이 내 뺨을 쳤다고 합시다. 내가 성질이 났어요. 그것도 역시 참회를 해야 하는 것입니다. 성질 낸 것을. 왜냐? 내가 잘못을 해서 참회를 하는 게 아니고, 본래 내 마음 평상심은, 자성청정심은 고요했는데, 그 자성청정심에서 성질, 분노라는 파도를 일으킨 것입니다. 그래서 이것은 내가 상대방에게 참회를 하는 것이 아니고 내 스스로의, 자성의, 내 마음의 평상심을 깨뜨린 것에 대해서 내 스스로에게 참회를 하는 것이죠. 그것이 불성자리이고, 그것이 바로 참 부처님 자리입니다. 본마음 참나 자리입니다.

본마음 참나의 평상심을 깨뜨린 것에 대해서 참회를 해야 되기 때문에 무조건 참회를 해야지, '아, 저 사람이 나를 성질나게 했어. 나는 전혀 잘못이 없는데 저 사람이 나를 성질나게 했기 때문에 누구라도 이런 경우를 당하면 성질을 낼 거야. 그러니까 이것은 참회할 일은 아니야.' 이렇게 생각하는 것이 바로 조건부 참회입니다.

그것은 잘못된 참회입니다. 무조건적인 참회여야 합니다. 왜냐? 탐욕·성냄·어리석음은 본래 본마음 참나 자리에서는 없는 것입니다. 평상시의 우리 마음은 항상 잔잔한 호수처럼 분별심이 없습니다. 그런데 거기에 갑자기 경계에 닥쳐서, 외부적인 경계든 내부적인 경계든 경계심이 일어나서 홀연히 파도를 일으킨 것입니다. 평상심 자리가 깨어져 버린 것입니다. 그래서 평상심 자리가 깨어진 것에 대해서 스스로 참회를 하는 것입니다.

부처님을 통해서 하는 것이지만, 그러나 결국은 자신의 본마음 참나 평상심의 자리가 깨어진 것을 참회하는 것이기 때문에 무조건적인 참회가 되어야 진정한 참회가 된다, 이렇게 말씀드릴 수 있는 것이죠. 여러분들도 한번 그런 형식으로 108배를 해보십시오. 그냥 횟수 채우느라고 정신없이 하지 말고－108배를 횟수에 급급해서 하면 큰 의미가 없습니다－, 108배 절 한 번 할 때마다 한 가지씩 진정으로 자기 참회를 하면서 해보시면 좋을 듯합니다.

또 제가 〈108참회 발원문〉이라는 것을, 과거의 전통적인 예참문에다 현대적인 의미와 감각, 이런 걸 덧붙여서 만들었습니다. 그래서 요즘 저희 국사암에서는 신도님들과 같이 저녁예불 끝나면 항상 108참회를 하는데, 그때 108참회 발원문을 독송하면서 한 번 절하고 한 문장씩－108문장이 있습니다－읽어가면서 하고 있습니다. 그런데 상당히 반응이 좋고 그걸 따라서 같이 하신 분들이 참 좋다고－이걸로 같이 하고 나면－, 전에는 별 의미 없이 참여를 하고, 별 생각 없이 108배를 하고 그랬었는데, 이걸 가지고 하니까 108배도 쉽게 되고, 의미가 있고, 또 108참회 발원을 하기 이전의 마음 상태와 하고 나서의 마음 상태가 사뭇 다르다, 이런 말씀을 하시는 분들이 많이 있습니다.

참제업장십이존불懺除業障十二尊佛, 이것은 업장을 제해 주는 열두 부처님을 뜻합니다.

나무참제업장보승장불 보광왕화염조불 일체향화자재력왕

불 백억항하사결정불 진위덕불 금강견강소복괴산불 보광월전묘음존왕불 환희장마니보적불 무진향승왕불 사자월불 환희장엄주왕불 제보당마니승광불

이렇게 되겠습니다.

이분들은 특히 부처님 중에서도 업장을 제거해 줍니다. 업장을 제거해 준다는 얘기는 언뜻 보면 불교적 표현이 아닌 것 같지요? 왜냐, 자작자수自作自受라고 항상 얘기를 하죠. 그러나 대승불교에서 보면, 너무 자작자수 이렇게 얘기를 하게 되면 참 냉정하죠. 대승불교는 신세도 지고 남들한테 베풀기도 하고 이런 게 대승불교라고 말씀드렸죠? 많이 신세도 지고 많이 베풀기도 하고…, 그래서 앞에서 돌의 비유로 설명을 드렸습니다.

다시 말해서 조그마한 돌멩이도 물에 던지면 퐁당 하고 가라앉아 버리죠. 조그마한 업장도 악업을 지은 사람은 가라앉을 수밖에 없습니다. 그러나 대승, 큰 배에 실으면 안 가라앉습니다. 커다란 바위도 큰 배에 실으면 고통의 이 언덕에서 열반의 저 언덕으로 건너갈 수가 있다고 하는 것이죠. 그것이 바로 대승의 정신입니다. "네가 이런 죄를 지었지? 그러니까 다 받어. 그럴 수밖에 없는 거야." 이렇게 하는 것은 대승의 정신과는 안 맞는 것입니다.

물론 우리가 살다 보면 선업도 짓고 악업도 짓고 이러면서 삽니다. 그러나 그 마음을 참회하고 돌이켜서 "앞으로 안 그러겠습니다." 이렇게 하다 보면 마음가짐이 바뀌기 때문에 운명이 바뀐다고 하는 것입니다. 불교는 결정론이 아닙니다. 숙명론도 아닙니다.

금강경에도 그런 말이 나오죠. "전생에 삼악도에 떨어질 중한 죄업을 지은 이라도 이 경전을 수지독송하는 공덕으로 금생에 경천보輕賤報로 때우고 지나간다." 경천보라는 것은 가볍게 천시 받는 정도의 과보, 이런 소리입니다. 요새 말로는 경범죄 정도로 때우고 지나간다, 이런 소리죠. 그러면 과거에 삼악도에 떨어질 중한 죄를, 무거운 죄를 지었는데 어떻게 경천보로 가볍게 때우고 지나갈 수가 있는가. 운명은 바꿀 수가 있다고 하는 것입니다. 금강경을 수지독송하는 그런 공덕으로. 왜냐? 금강경을 수지독송하고 그것을 실천하면 마음가짐이 바뀌고 몸가짐이 바뀌기 때문에 운명도 바뀐다고 하는 것입니다.

그것과 마찬가지로 부처님 명호를 부르고 마음을 참회하고, 스스로 참회를 하고 또 이런 부처님의 가피를 입고, 자력과 타력을 함께 써서 가면 아무리 무거운 죄업이라도 소죄消罪, 소멸이 될 수가 있다고 하는 것이죠. 이 열두 부처님은 사실은 모두 관세음보살의 본신인 정법명여래의 화신이라고 볼 수 있습니다. 관세음보살님은 본래 과거에 이미 성불을 해 마쳤고, 이름하여 정법명여래로 불리우신 분입니다. 중생 제도를 위해서 일부러 보살의 몸으로 나투신 것입니다.

그래서 보승장불寶勝藏佛은 탁월한 감추어진 진리의 보물로써 중생이 남에게 진 일체의 신세와 허물을 소멸시켜 주는 부처님입니다. 보광왕화염조불寶光王火炎照佛은 지혜의 불빛을 비추어서 중생이 재물을 사치하고 낭비한 죄를 소멸해 주십니다. 일체향화자재력왕불一切香火自在力王佛은 자비의 향기를 뿌려서 중생이 저지른 크고 작은 죄업을 소멸해 주십니다. 백억항하사결정불百億恒河沙決定佛은 백억 모래알만큼 많은 선행을 닦아 중생이 지은 죄업을 소멸시켜 주십니다. 진위덕불振威德佛은 위덕으로서 악하고 불건전한 것을 항복받아서 중생의 음행과 욕지거리로 지은 죄를 소멸시켜 주십니다. 금강견강소복괴산불金剛堅强消伏壞散佛은 금강과 같은 강한 마음으로 죄업을 부수고 지옥의 죄업마저 부수어 주십니다. 보광월전묘음존왕불普光月殿妙音尊王佛은 달빛이 널리 비추듯이 묘음을 전해서 가르침의 공덕을 심어 주십니다. 환희장마니보적불歡喜藏摩尼寶積佛은 여의주를 가지고 기쁘게 하며 중생이 성내고 분노하여 짓는 죄업을 소멸해 주십니다. 무진향승왕불無盡香勝王佛은 무량한 가르침의 향기를 가지고 중생의 생사의 고통을 소멸해 주십니다. 사자월불獅子月佛은 사자처럼 위덕이 있고 달처럼 지혜로워서 축생으로 태어날 중생의 죄업을 소멸해 주십니다. 환희장엄주왕불歡喜莊嚴珠王佛은 자비희사의 네 가지 무량한 마음을 닦은 후 중생의 살생이나 도둑질의 죄악을 소멸해 주십니다. 제보당마니승광불帝寶幢摩尼勝光佛은 임금처럼 위력이 있고 보석처럼 빛을 내며 탐욕의 죄업을 소멸해 주십니다.

2) 참회 ②

살생중죄금일참회殺生重罪今日懺悔
투도중죄금일참회偸盜重罪今日懺悔
사음중죄금일참회邪淫重罪今日懺悔

살생한 무거운 죄를 금일, 오늘 참회합니다. 투도, 투偸자는 훔칠 투자입니다. 훔친, 도적질한 중죄를 금일 참회합니다. 삿된 음행의 중죄를 금일 참회합니다. 여기까지 세 가지는 몸으로 지은 죄를 뜻합니다.

우리는 신·구·의, 몸과 입과 뜻으로 업을 짓는다고 합니다. 그 중에서 몸으로 짓는 죄 세 가지가 바로 살생·투도·

사음으로—생명을 함부로 죽이거나 또는 남이 귀하게 여기는 것을 훔치거나 주지 않는 것을 빼앗거나 삿된 음행, 부부관계 이외의 음행을 하거나—, 이런 것들은 중죄에 해당이 된다고 할 수 있습니다. 살생중죄라는 것은 누구도 그냥 넘어갈 수가 없습니다. 누구나 생명이 있는 것은 모두 다 죽는 것을 두려워하고 공포심을 느낍니다. 그러므로 나를 누가 죽인다면 내 마음에 원한심이 일어날 수밖에 없겠죠.

'아들로 태어난 부관'이라고 하는 일화가 있습니다. 이것은 2군 사령관을 역임한 육군중장 박은용 장군의 실화입니다. 6·25 때 30여단장이었던 박 장군은 당시에 북진을 해서 부대에 나가 있었는데 갑자기 경무대에서 지휘관 회의를 소집해서 내려가게 되었어요. 그 당시 내려가면서 부관에게 특별히 부탁을 하고 갔습니다. "지금 첩보에 의하면 중공군들이 내려온다고 하니까 특별히 정신 차려서 단속을 잘 하거라." 이렇게 신신당부를 하고 지휘관 회의를 갔다 왔는데, 와보니까 폐허가 되어버렸어요. 부하들이 대부분 다 죽어버린 겁니다. 그래서 망연자실해서 앉아 있는데 부관이 들어오는 거예요. 죽은 줄만 알았던 부관이 들어오기에 "어떻게 된 거냐?" 추궁을 했더니, 부관은 중공군이 인해전술로 내려올 당시에, 옆 마을에 온천이 있었는데 거기에 가 있었던 겁니다. 거기 가서 뭘 했느냐. 술집에서 기생들과 놀고 있었던 거예요. 그 소리를 듣고 부아가 치밀었죠. 그래서 도저히 그 자리에서 견딜 수가 없어서 권총으로 가슴에다 총을 쏴서 즉결 처분을 한 거예요. 그러고 나서 세월이 흘렀습니다.

이분이 군 사령관을 하고 있을 당시에—중장으로 진급을 한 것이죠— 외동아들이 하나 있었는데, 인물도 좋고 말도 잘 듣고 공부도 잘 하던 그런 아들이 당시 서울대학교를 다니다가 여름방학 때 집으로 놀러 왔습니다. 그리고 가까운 감포해수욕장으로 친구들과 해수욕을 갔는데, 친구들과 같이 다이빙을 하고 놀다가 안 나오는 거예요. 그래 찾아보니까, 바다 속의 뾰족한 바위 끝에 가슴이 찔려서 즉사한 것입니다. 그래서 49재를 지냈죠. 대구의 팔공산 동화사에서 49재를 지내는데, 49재를 지내는 날, 그러니까 49일째 되는 날 그 사령관이 재를 지내다가 갑자기 욕을 하고 소리를 버럭버럭 지르면서 밖으로 튀어나갔던 겁니다.

나중에 그 사연을 알아보니까, 그 아들의 영정이, 위패가 있는 곳에 부관의 얼굴이 선명하게 떠오르더라는 겁니다. 그래서 곰곰이 생각해 보니까, 그 부관이 죽고 얼마 안 돼서 아이를 잉태했고, 아이가 하던 행동거지나 여러 가지 것들이

다 '아, 부관이 가슴에 총을 맞아 죽고 아들로 태어나서 원수를 갚으러 왔구나' 하는 것을 분명히 알게 되었다고 합니다.

윤회라는 것, 특히 살생, 이것은 윤회의 근본이 됩니다. 나는 조용히 있고 싶어도, 그러나 나에게 생명의 해침을 당한 상대방으로서는 가만히 있을 수가 없는 것이죠. 그래서 우리가 정말 중요한 것은 남의 생명을 빼앗지 않는 것이고, 그 다음에 남의 귀한 것을 빼앗지 않는 것, 또 삿된 음행을 하지 않는 것입니다. 살생·투도·사음, 이것이 몸으로 짓는 직접적인 죄악입니다.

망어중죄금일참회妄語重罪今日懺悔
기어중죄금일참회綺語重罪今日懺悔
양설중죄금일참회兩舌重罪今日懺悔
악구중죄금일참회惡口重罪今日懺悔

이 네 가지는 입으로 짓는 구업이 되겠습니다.

망어중죄금일참회, 망어라는 것은 거짓말인데, 거짓말 중에 최고의 거짓말은 깨닫지 못한 사람이 깨달았다고 하는 것, 이것이 가장 큰 거짓말이 됩니다. 그것으로 인해서 위함을 받는 것, 자기를 따르는 무리들의 추종을 받는 것이야말로 무거운 죄가 됩니다. 또 평상시에 사람이 거짓말을 자주 하다 보면 신뢰감이 깨지죠. 남들이 내 말을 안 믿어 주는 겁니다. 이 사회는 알게 모르게 신용사회입니다. 서로 신용으로 맺어진 사회고, 신용을 안 지키는 사람은 자꾸 따돌림을 당하게 돼 있습니다.

기어중죄금일참회, 기어라는 것은 번지르르한 말, 아첨하는 말, 이런 것을 기어라고 합니다. 번지르르한 말, 아첨, 이런 것을 자주 하다 보면 역시 사람이 신뢰감이 떨어지게 되는 것이죠. 남을 칭찬할 때도 없는 걸 가지고 칭찬하는 게 아니라 있는 걸 가지고 하면 되는 것입니다.

양설중죄금일참회, 양설이라는 것은 이쪽 가서는 이 말 하고 저쪽 가서는 저 말 하고, 이게 바로 양설입니다. 서로 사이를 이간질하는 거죠. 서로 싸우게 만들고 화합을 깨게 만들고, 이것이야말로 무거운 죄입니다. 항상 올바른 말, 같은 말, 이쪽 가서도 이 말 저쪽 가서도 이 말 이런 식으로 해주고, 서로 칭찬해 주는 말을 전해 주고 이래야 화합이 되죠. 이쪽 가서는 저 사람이 너한테 나쁜 놈이라고 하더라 그러고, 저쪽 가서는 이 사람이 너한테 나쁜 놈이라고 하더라 이러면, 서로 간에 저놈이 나보고 나쁜 놈이라고 그랬어, 저놈이 나보다 더 나쁜 놈인데, 이러면서 화합이 깨지게 되죠. 그것은 아주 안 좋은 것입니다.

악구중죄금일참회, 악구라는 것은 상스러운 말, 욕설, 남에게 상처를 주는 말, 이런 것들이 악구입니다. 상스러운 말을 쓰면 스스로가 상스러운 사람이 되는 것이죠. 제가 군에 있을 때―저는 ROTC를 했기 때문에 장교로 갔습니다― 한 소대를 지휘를 하고 있었고 옆의 부대에 동기가 있었는데, 이 사람은 매일 자기 부하들한테 "별볼일없는 것들아." 이런 식으로 자꾸 얘기를 하는 거예요. 제가 듣다듣다 못해서 한 번 얘기를 했죠. "너는 별볼일없는 부하들의 지휘자가 되고 싶으냐, 멋진 부하들의 지휘자가 되고 싶으냐?" 하하하. "네가 자꾸 아랫사람들, 네 부하들한테 별볼일없는 놈들, 나쁜 놈들, 천박한 놈들, 이렇게 자꾸 말을 하면 결국은 네 부하들인데, 네가 결국은 그런 놈들의 지휘자가 되는 것 아니냐." 그 말을 듣더니 그 다음부터는 안 그러대요. 하하하. 가만히 생각해 보면 맞는 말이잖아요. 멋진 부하들의 지휘자가 되는 게 좋은 거지 별볼일없는, 상스러운, 나쁜 놈들의 지휘자가 되면 결국 자기도 같은 통속이 되어 버리는 거죠.

탐애중죄금일참회貪愛重罪今日懺悔

진에중죄금일참회瞋恚重罪今日懺悔

치암중죄금일참회痴暗重罪今日懺悔

탐진치 삼독, 이것은 신구의 삼업 가운데 생각으로 짓는 세 가지 죄업입니다. 탐애중죄, 탐내고 애착하는 무거운 죄를 금일 참회합니다. '탐내고 애착한다'는 것은 탐심을 연습하는 것이죠. 그 다음에 진에중죄, 이것은 성질을 낸다-진瞋자나 에恚자나 모두 성낸다는 뜻입니다-, 남에게 성질을 내면 당연히 나에게도 돌아오게 되죠. 하늘에 침을 뱉는 것과 같습니다. 치암중죄금일참회, 어리석고 어두운 무거운 죄를 금일 참회합니다. "어리석은 것도 죄다" 이렇게 말씀드렸죠. 왜냐? 어리석기 때문에 악업을 저지르면서도 그것이 진정 자기에게 얼마나 마이너스가 될지 모른다고 하는 것입니다. '어리석기 때문에 죄업을 저지르는 것이지 악인이기 때문에 죄업을 저지르는 것이 아니다', 이렇게 생각을 해야 자비심이 깃들 여지도 있다고 하는 것입니다.

여기까지는 사참事懺이 되겠습니다. 지금까지 말한 열 가지, 살생중죄부터 치암중죄까지는 사참이라고 합니다. "낱낱이 있는 그대로를, 사실 그대로를 참회한다. 현상을 참회한다", 이런 말입니다. 다음에는 이참理懺이 되겠습니다. 참회에는 이참과 사참이 있습니다. 이치적으로 참회하는 것이 이참이고 현실적으로 참회하는 것이 사참입니다. 보통 죄업을 부처님 앞에서 또는 관세음보살님께 참회를 하지만, 상대방이 있는 경우에는 관세음보살님은 물론이고 상대방에게 직접적으로 참회를 해야 합니다. 그것이 직접적인 참회가 되는 것이죠.

영화 '밀양'에 보면 전도연이—여배우가 칸영화제 여우주연상을 받은 대단한 영화였죠— 밀양이라는 지역으로 아이와 함께 정착하기 위해서 내려갑니다. 남편이 교통사고로 죽었어요. 남편의 고향이라고 하는 밀양 땅에, 사실 아는 사람도 없지만, 아니 '아는 사람이 없기 때문에 더 부담이 없다.' 이렇게 생각하고 내려갔어요. 그래서 열심히 정착하려고 노력하는데 그 와중에 아이가 유괴를 당해서 처참하게 살해를 당하죠. 아픈 가슴을 해결할 길이 없었습니다. 그래서 교회에 다니게 되었고 교회에서 상당히 마음의 편안함을 얻었어요. 그래서 '내가 교회에서 마음의 평화를 얻은 것처럼 나도 예수님의 뜻에 따라서 죄인을 용서해 주리라.' 이런 생각을 하고 교도소를 찾아갑니다. 찾아가서 그 죄인과 마주쳤습니다.

그때 자기 아들의 살해범이 이런 말을 합니다. "제가 이미 교도소에서 눈물로써 회개를 하고 용서를 받았습니다." 이런 말을 하는 거예요. 거기에 열을 받게 되죠. '아니 용서를 받았다고? 피해 당사자인 내가 아직 용서를 안 했는데, 이제 용서를 하러 왔는데, 벌써 이미 하나님과 거래를 끝내 버렸다고? 나는 다 제껴놓고?' 그게 도저히 납득이 안 됐던 거죠.

'어떻게 피해 당사자인 나와는 한 마디 상의도 없이, 또 내가 아직 용서도 안 해줬는데 어떻게 용서를 해줄 수 있냐? 이것은 뭔가 잘못된 것이다. 문제가 있다.' 그래서 그 뒤로는 태도가 바뀝니다. 그와 마찬가지로 상대방이 있는 경우에는 상대방에게 먼저 참회를 하고 용서를 구하는 것이 올바른 순서입니다.

제가 십여 년 전에 쌍계사에 있을 당시, 갑자기 왼쪽 목덜미에 송곳으로 찌르는 듯한 통증이 왔어요. 그런 이후부터 마치 목덜미에 커다란 혹이라도 달려 있는 듯이 몸가짐이 굉장히 불편해졌습니다. 그래서 안 되겠다 싶어서 병원엘 갔죠. 처음에 양방엘 갔더니 아무 이상이 없다는 거예요. 겉보기에는 전혀 이상이 없었으니까. 나는 이상이 있는데 병원에선 이상이 없다는 겁니다.

그래서 이번에는 '한방을 가자' 하고, 구례에 있는 한의원에 침을 맞으러 다녔습니다. 하루는 침을 맞으러 문을 열고 들어서는 순간, 거기 앉아서 대기하고 있던 분들 중의 한 분이 저를 딱 쳐다보더니 이런 말씀을 하세요. "어, 스님도 병원에 오네." 그 말을 들으니까 갑자기 '이거 안 되겠다', 반성이 되더라고요. '이것은 병원에 다니면서 고칠 병이 아니다. 내 스스로 참회를 하고 관찰을 하고 해야 할 병이다.' 이런 반성이 들어서 그

길로 바로 절에 돌아와서 대웅전에—그 당시 마침 대웅전 부전스님이 공석이 됐어요— 제가 자원을 했죠. "제가 대웅전 부전을 맡겠습니다. 다음 부전스님이 정식으로 올 때까지 임시로라도 제가 하겠습니다." 몸이 안 좋은 상태였는데도 일부러 자원을 해서 '기도를 통해서 내가 한번 해결해 보리라.', 이런 마음을 냈던 거죠.

그래서 아침 도량석부터 시작해서 하루에 사분 정근, 새벽에 두 시간, 오전 두 시간, 오후 두 시간, 저녁 두 시간, 이렇게 여덟 시간씩 기도를 했습니다. 상태가 안 좋으니까 밥도 하루에 한 끼씩만, 점심 공양만 죽 한 그릇 가볍게 끓여서 먹고 했죠. 그러니까 기운이 많이 빠지죠. 힘은 빠지고 처지는데 그 대신 정신은 굉장히 맑아지더라고요. 정신이 맑아지니까, 기도를 하다 보니까 그 원인을 알게 됐어요. '내 목덜미에 충격이 오고 내가 고생하는 게 과거의 나의 살생의 연이구나.' 하고 스스로 알게 되더라고요.

그것을 알게 되면서, 관세음보살 정근을 그 당시에 했는데, 관세음보살님 정근을 하면서 관세음보살님께 먼저 참회를 드렸죠. "관세음보살님, 제가 과거에 어리석어서 살생의 연을 지었습니다. 제가 잘못했습니다. 앞으로는 조심하겠습니다." 그렇게 해놓고 끝난 게 아니고 업장, 목덜미에 대고 참회를 했죠. "잘못했습니다. 제가 과거에 어리석어서 살생의 잘못을 저질렀습니다. 정말 미안하게 됐습니다." 하고 참회를 먼저 지극히 하고, 이렇게 말을 했죠. "그렇지만 이렇게 계속해서 저에게 붙어서 제가 쓰러진다고 한들 크게 좋을 일이 있겠습니까? 그것도 또 새로운 업을 서로 짓는 것이니까 그만 이 정도에서 물러나면 제가 기회 나는 대로 재도 올려드리고 기도도 해 드리겠습니다." 하는 순간 뚝 떨어져 나가더라고요. 그러더니 멀쩡해졌어요. 그래서 제가 '참회라는 게 부처님하고 관세음보살님한테 하는 것도 중요하지만 당사자, 피해 당사자, 상대방이 있는 경우에는 상대방에게 해야 하겠구나.' 하는 것을 아주 실감을 했습니다.

여러분들도 마찬가지입니다. 예를 들어서 부모님이나 형제간이나 또는 친구한테 큰 잘못을 했다고 칩시다. 그러면 그것을 매일 절에 가서 법당에서 부처님한테만 "잘못했습니다. 참회합니다." 하고 당사자들에게는 표현을 안 하면 그게 과연 쉽게 풀어질까요? 오히려 당사자에게 표현을 할 때 더 빨리 쉽게 풀어진다고 하는 거죠. 아무리 나에게 못할 짓을 저지른 사람이라고 할지라도 매일 부처님에게 하듯이 108배씩 하고 삼천배씩 하면서 "잘못했습니다. 제가 앞으로 안 그러겠습니다.", 이렇게 부처님한테 하듯이 한다면 풀지 못할 사람은 거의 없을 것입니다. 부처님한테 참회하는 마음을 연습하듯이 상대방에게 한다면 모든 악업에 대한 과보를 면할 수가 있는 것입니다.

지금까지는 사참事懺이었고 여기서부터는 이참理懺입니다. 이치적으로 참회하는 것이죠.

백겁적집죄 일념돈탕제 여화분고초 멸진무유여 죄무자성종심기 심약멸시죄역망 죄망심멸양구공 시즉명위진참회, 이게 바로 이참이 되겠습니다. 사참이라고 하는 것은 사항별로 낱낱이 참회를 드리는 거고—살생부터 시작해서 치암중죄까지—, 이참이라는 것은 참회라는 것이, 죄라는 것이 본래 사실은 실체가 없는 것이라는 말입니다. 맞는 말이죠. 나라는 것이 고정된 실체가 없는데 나의 죄라는 것이 당연히 고정된 실체가 없겠죠. 죄의식이 있을 뿐이죠.

백겁적집죄百劫積集罪, 백겁 동안 쌓아 모여진 죄가, **일념돈탕제一念頓蕩除**, 한 생각에 몰록 탕제되어 버린다, 소탕하고 제해진다. **여화분고초如火焚枯草**, 마치 불이 마른 풀더미에 붙는 것과 같아서, **멸진무유여滅盡無有餘**, 소멸해 다하여서 남김이 없다. 깡그리 타버린다 이 소리죠. 마른 풀더미 쌓아놓고 불 한번 질러보십시오. 그냥 완전 연소돼 버리죠. 그것과 마찬가지로 백겁 동안 쌓아놓은 어마어마한 죄도 한 생각에 몰록 소멸될 수가 있습니다. 어떻게? 이것은 무아법에 통달하면 이렇게 된다는 것입니다. 죄라는 것도 결국 내가 있기 때문에, 선업이라는 것도 내가 있기 때문에, 악업이라는 것도 내가 있기 때문에 있는 것이죠. 그런데 내가 사라져 버리면 죄업이니 악업이니 선업이니 이런 게 붙을 자리가 없어지는 것과 마찬가지입니다.

삼조 승찬스님이 문둥병에 걸렸어요. 그래서 이조 혜가스님을 찾아가서 혜가스님한테 여쭙니다. "스님, 제가 문둥병에 걸렸습니다. 저의 죄를 참회시켜 주십시오." 왜 이렇게 말했냐면, 문둥병은 옛날에는 천형天刑이라고 했어요. "하늘로부터 내리는 형벌이다. 오죽 죄가 많았으면 문둥병에 걸렸겠느냐.", 이런 식으로 옛날엔 얘기했기 때문에 삼조 승찬스님 스스로가 죄업이 많다고 생각한 거예요. '내가 죄업이 많아서 이런 병에 걸렸지.' 그렇게 생각해서 혜가스님한테 "참회시켜 주십시오." 이렇게 말씀을 드린 겁니다. 그때 혜가스님이 말씀하시죠. "그래, 내가 참회시켜 줄 테니까 그 죄를 내 앞에 내놓아라." "죄를 한번 내놓아 보거라.", 이렇게 말씀하십니다. 그래서 승찬스님은 '죄를 내놔보라고?', 그렇다면 죄를 내놓아야 되는데 아무리 찾아도 실체가 없어요. "멱죄료불가득覓罪了不可得

입니다."—죄를 찾아보았지만 가히 얻을 수가 없습니다.— 이렇게 말씀드렸죠. 그때 이조스님이 말했습니다. "그대의 죄는 다 참회되었으니 불법승 삼보에 의지해서 살거라." 그래서 죄의 실체가 없음을 깨닫고 그 후로 얼마 안 돼서 병이 다 나았다고 하는 일화가 지금도 전해지고 있습니다.

죄라는 것은 실체가 없는 것입니다. 죄의식이 있을 뿐이죠. 죄의식에서 벗어나는 것, '본래 내가 죄인이다' 이렇게 깨닫는 게 아니고, '본래 나란 없다. 죄라는 것도 실체는 없다' 이렇게 깨닫는 것이 진정한 참회입니다. 이런 점에서 다른 종교의 회개와 불교의 참회는 엄밀히 구분이 되는 것입니다. 다른 종교에서의 회개는 "제가 죄인입니다. 제 죄를 용서해 주십시오." 이렇게 하는 게 회개죠. 그러나 불교는 그게 아닙니다. "내가 죄인이 아닙니다. 내가 죄인도 아니고, 내가 종도 아닙니다." "나는 본래 참자유인이다. 나는 본래 대해탈인이다. 나는 본래 주인이다." 이런 마음가짐을 가지고 하는 거죠.

그래서 부처님의, 관세음보살님의 도움을 받아서 마치 줄탁동시, 병아리가 알을 깨고 나올 때 안에서 병아리가 쪼고 밖에서 어미닭이 알 껍질을 쪼아줄 때 '탁' 하고 깨지는 그 경험처럼 나의 마음가짐, 관세음보살님의 가피, 이런 게 손바닥처럼 '탁' 맞아떨어져서 죄의식에서 벗어나는 것, 참자유인임을 깨닫는 것, 이것이 바로 불교의 참회라고 하는 것입니다.

죄무자성종심기罪無自性從心起 심약멸시죄역망心若滅時罪亦亡
죄망심멸양구공罪亡心滅兩俱空 시즉명위진참회是則名爲眞懺悔

"죄에는 자성이 없어서 마음 따라 일어나니 마음이 만약 멸할 때에는 죄 또한 사라지네. 죄가 사라지고 마음도 소멸해서 둘 다 공해지면 이것이야말로 곧 이름하여 진정한 참회다."

참회의 개념을 한 마디로 딱 잡아놨어요. 불교의 핵심이 딱 들어 있습니다. 죄에는 자성이 없어서—죄에 고정된 실체가 있는 게 아니라는 겁니다—, 종심기, 마음 따라 일어날 뿐이니까 마음이 멸해버리면 죄 또한 소멸해질 수밖에 없는 거죠. 죄의 식, 마음—여기서의 마음은 분별심을 뜻합니다—, 분별심이 소멸해버리면 죄 또한 사라진다는 것이죠.

"선도 생각하지 말고 악도 생각하지 말라. 그럴 때 그대의 본래 면목이 무엇인가?" 하는 것이 바로 육조 혜능스님의 첫 법문이죠. 우리가 선이니 악이니 그렇게 따지고 살지만 사실은, 선도 생각하지 않고 악도 생각하지 않을 때, 분별심을 놓아 버릴 때, 그때 본래 면목을 찾아야 되는 것입니다.

죄망심멸양구공, 죄가 사라지고 마음도 소멸해서 둘 다 공해지면—허공과 같이 되어 버리면—, 시즉명위진참회, 이것이 곧 이름하여 진정한 참회다.

인도에 아주 친근하게 지내는 두 비구 스님이 계셨습니다. 이 두 스님은 서로 수행하는 데 뜻이 맞아서 아주 가까이 지냈으며, 마을에서 멀리 떨어진 동굴에서 둘이 같이 수행을 하고 지냈습니다. 그런데 한 스님이 잠깐 밖에 나갔다 오는 와중에, 다른 스님은 동굴 안에 있었는데, 밖에 나간 스님의 누이동생이 마침 그 동굴을 찾아오게 된 거예요. 자기 오빠가 수행하고 있는 곳에 먹을 것을 갖다 주기 위해서 먹거리를 챙겨서 왔습니다. 그런데 오는 길에 비가 내렸어요. 비가 오니까 옷이 몸에 딱 달라붙어서, 요새 말로 하면 섹시해 보였던 겁니다. 하하. 그러니까 그 안에 남아서 있던 스님이 대화를 하다가 갑자기 색심이 발동을 해서 그 여인을 범하게 되었어요. 그러고 나서 얼마 안 있다가 밖에 나갔던 비구 스님이 돌아왔습니다. 돌아와서 보니까 상황이 딱 그 상황이라. 그래서 자기 누이동생에게 공부 잘 하고 있는 스님을 파계시켰다고 을러대고 그러니까 동생이 뒷걸음질치다가 절벽으로 떨어져 죽게 되었어요.

그러니까 이 두 비구가 말 그대로 살생, 음행 두 가지 중죄를 범하게 된 것이죠. 불교의 계율 중에서도 가장 중요한 계율이죠. 수행자로서 살생 중죄와 음행 중죄를 저지른 것입니다.

그래서 이분들이 낙담을 해서 우바리존자를 찾아갑니다. 그 당시 우바리존자는 부처님의 10대 제자 중에서 지계제일인 제자죠. 계율에 아주 정통하신 제자입니다. 우바리존자에게 그 일을 낱낱이 고하고 "저희는 앞으로 어떻게 되겠습니까?" 했죠.

우바리존자가 하시는 말씀이 "너희들이 저지른 살생과 음행의 죄는 마치 보리 씨앗을 끓는 물에 집어넣은 것과도 같다." 보리라는 것은 깨달음을 뜻하는 거죠. "깨달음의 씨앗을 끓는 물에 집어 넣으면 깨달음의 꽃을 피울 수가 없다", 이런 의미가 되겠죠. "너희는 도저히 더 이상 앞으로 가망성이 없어. 환속해." 이런 말입니다.

그래서 둘이서 '다 끝났구나. 수행이고 뭐고' 하고 낙담을 해서 가는 찰나에 유마거사를 만나게 되었어요. 유마거사가 보니까 저 두 비구가 전생에 선근이 있는데 낙담을 해서 가고 있는 거예요. 그래서 "어찌된 일인가?" 물었더니 그 얘기를 죽 했죠. "여차저차해서 살생과 음행의 죄를 저지르게 되었습니다. 그래서 우바리존자에게 말씀을 여쭈었더니 '보리 씨앗을 끓는 물에 넣은 것과 똑같아서 너희가 수행을 해서 깨달음을 얻는다는 것은 마치 끓는 물에 집어넣었던 보리 씨앗을 땅에 심어서 거기서 열매가 맺기를 바라는 것과 같다.' 이렇게 얘길

해서 저희가 희망을 잃고 갑니다." 그때 유마거사가 두 비구에게 읊어준 게송이 바로 이 게송입니다.

죄무자성종심기 심약멸시죄역망 죄망심멸양구공 시즉명위진참회라.

너무 멋진 게송이죠. 이 게송을 듣고 두 비구가 다시 용기를 내어서 진정한 참회를 하고, 다시 또 용기를 내어 수행을 해서 마침내 해탈을 얻었다고 하는 이런 일화가 전해지고 있습니다.

이 게송은 정말, 백겁적집죄부터 시작해서 시즉명위진참회까지 천수경 칠 때마다 제일 제 마음에 쏙쏙 들어오는 부분입니다. '아, 과거에 내가 죄를 많이 지은 게 있지만, 야, 이렇구나.' 하하하. 그래서 다른 부분은 다 건성으로 넘어가도 이 부분은 그렇지 않습니다. "백겁적집죄 일념돈탕제 여화분고초 멸진무유여 죄무자성종심기 심약멸시죄역망 죄망심멸양구공 시즉명위진참회", '야, 너무 멋진 게송이다. 나를 위해서 있는 것 같다.' 하하하, 이런 생각이 들죠.

그 다음에 **참회진언 "옴 살바 못자모지 사다야 사바하"**, 이것은 본래의 범어로는 "옴 싸르와 붓다 보디쌋뜨와야 쓰와하" 이런 표현이 되겠습니다. "모든 부처님들과 보살님들께 쓰와하" 이런 뜻이죠. 다시 말해서 "모든 부처님들과 보살님들께 참회를 한다는 의미를 가지고 있습니다. 보살계나 수계법회 등을 할 때 참회진언을 하면서 연비를 받죠? "참회진언 옴 살바 못자모지 사다야 사바하" 이걸 계속 외우는 도중 연비를 해주는 스님들이 와서 팔뚝에 연비를 해주게 됩니다. 그러면 연비, '따끔'한 순간 "나의 죄, 백겁적집죄가 마치 마른 풀더미 타버리듯이 싹 타버린다." 하는 그런 의미를 지니고 있습니다. 연비 의식이 가지는 의미입니다. 그래서 "옴 살바 못자모지 사다야 사바하" "옴, 모든 부처님들과 보살님들께 쓰와하" 이것을 마지막으로 해서 참회에 관한 부분이 끝납니다.

여기까지는 참회에 대한 내용이고, 그 다음부터는 준제진언이 나오고, 발원에 관한 내용이 나옵니다. 불교의 가장 핵심 사상들이 낱낱이 갈무리되어 있는 거죠. 참회 · 발원 이런 걸 통해서, 기도 · 다라니 이런 것을 통해서 힘을 얻는 것입니다. 내 스스로 마음 그릇을 비우고, 그 비운 자리를 발원으로 채우고, 그래서 그릇을 또 키워 나가고—불보살님들의 가피를 통해서 그릇을 키워 나가고—, 이것을 "그릇이론"이라고 제가 이름을 붙였습니다. 우리는 누구나 다 마음 그릇을 가지고 있는데, 마음 그릇을 어떻게 하면 바꿀 수 있느냐. 첫째가 비우기—참회를 통한 자기 정화-, 둘째가 채우기, 빈 그릇을 그대로 놔두면 또 번뇌-업장-, 습기-습관적인 에너지-로서 가득 차니까 그 자리를 발원으로 채워놔야 됩니다. 그게 바로 참회·발원입니다. 발원을 통한 자기 전환입니다. 그 다음에 힘을 받아야죠. 불보살님들의 가피를 받는 것입니다. 일단 내 스스로의 몸과 마음가짐을 참회와 발원으로 변화를 시키고 다라니를 열심히 독송하면 관세음보살님의 가피를 입게 됩니다.

기도를 통한 자기 확장, 가피를 받음으로써 정신세계·의식세계가 확장되는 것입니다. 그러고 나서 참선을 통한 자기 확인, "본마음 참나가 과연 무엇인가?" 이것을 그릇 부수기를 통해서, 그릇 없애기를 통해서 확인합니다. 그릇이 있는 한 안과 밖이 있고, 중생과 부처가 나누어지고, 나와 남이 나누어지고, 선과 악이 나누어지기 때문에 본래의 면목을 볼 수가 없습니다. "선도 생각하지 말고 악도 생각하지 않을 때 본래 면목이 무엇인가?" 이것은 그릇이 철저히 없애지는 무아 체험을 통해서 오는 것입니다. 그것이 바로 참선을 통한 자기 확인이라고 하는 것입니다.

그래서 무아를 체험했다 하더라도 그대로 있으면 안 되고, 우리도 부처님같이 다시 행불行佛, 부처의 행을 수행해야 합니다. 이것은 바로 그릇 만들기입니다. 새롭게 그릇을 만들어가는 단계죠. 그때 그 그릇은 나만 잘 먹고 나만 잘 쓰자는 그릇이 아니라 우리 모두 더불어 함께 행불하자고 하는 그런 그릇이 되겠죠. 그래서 행불을 통한 자기 창조가 되는 것입니다. 이것은 무아를 바탕으로 한 행위이기 때문에, 업이 아니라 원이 되는 것입니다. 원을 세워서, 원을 위해서 살고 원생을 하게 되는 것, 이것이 바로 행불을 통한 자기 창조가 되는 것입니다. 밥그릇이 필요할 때는 밥그릇이 되고, 국을 먹을 땐 국그릇이 될 수도 있고, 차를 마실 때는 찻그릇이 될 수도 있고…, 이렇게 애착하지 않는, 고정되어 있지 않는, 고정되어 있지 않으면서도 열심히 사는 삶, 열심히 살되 애착하지 않는 삶, 이것이 바로 행불입니다.

3) 준제진언

준제공덕취 적정심상송
일체제대난 무능침시인
천상급인간 수복여불등
우차여의주 정획무등등
나무칠구지불모 대준제보살
나무칠구지불모 대준제보살

나무칠구지불모 대준제보살

정법계진언

옴 남 옴 남 옴 남

호신진언

옴 치림 옴 치림 옴 치림

관세음보살 본심미묘 육자대명왕진언

옴 마니 반메 훔

옴 마니 반메 훔

옴 마니 반메 훔

준제진언

나무 사다남 삼먁 삼못다 구치남 다냐타

옴 자례주례 준제 사바하 부림

옴 자례주례 준제 사바하 부림

옴 자례주례 준제 사바하 부림

여기까지가 준제찬부터 준제진언까지의 부분이 되겠습니다. 앞에서도 말씀드린 것처럼 신묘장구대다라니가 천수경의 가장 핵심이고, 그 앞부분은 다라니를 열기를 청하는 부분이고, 그 뒷부분은 다시 크게 세 부분으로 나눌 수가 있습니다. 앞서 말한 참회에 해당하는 부분이 첫째이고, 지금 여기 준제진언까지가 두 번째 단락이고, 마지막으로 대원을 발하는, 커다란 원을 발하는 발원 부분으로써 맺고 있다고 말할 수 있습니다.

그 중에 두 번째 준제찬입니다. 준제공덕취准提功德聚 적정심상송寂靜心常誦, 준제보살의 공덕의 무더기는 적정한 마음으로 항상 지송한다면, 일체제대난一切諸大難 무능침시인無能侵是人, 일체의 모든 큰 난이 능히 이 사람을 침범할 수가 없으며, 천상급인간天上及人間 수복여불등受福如佛等, 천상 및 인간이 복을 받음이 마치 부처님과 같고, 우차여의주遇此如意珠 정획무등등定獲無等等, 이 여의주를 만나면 결정코 무등등을 얻게 되리라. 무등등이라는 것은 아뇩다라삼먁삼보리, 무상정등정각을 이야기하는 거죠. "위 없이, 최상의 바르고 평등한, 동등할 자가 없는 그런 깨달음이다.", 이런 말이 되겠습니다.

준제보살은 대준제보살大准提菩薩이라고 하는데, 이 분은 별명이 칠구지불모七俱胝佛母입니다. "70억 부처님의 어머니" 라는 소리죠. 칠구지라는 것은 70억이라는 뜻입니다. "70억 부처님의 어머니, 모든 부처님들을 탄생시킨 분", 이렇게 말할 수가 있겠습니다. 그분이 바로 대준제보살입니다.

본래 "준제"라는 말에는 "청정하다"는 의미가 깃들어 있습니다. 그런데 불교에서 "청정하다"고 얘기하는 것은 보통 말하는 "더럽고 깨끗함" 그럴 때의 깨끗함이 아닙니다. "공하다"는 의미를 가지고 있습니다. 그냥 더러움의 상대적 개념으로써 깨끗함, 이런 청정함이 아니고-그것은 진정으로 깨끗한 것이 아니죠. 이미 선하다 악하다 하는 생각이 남아 있는 한 본래 면목의 자리가 아니라고 하는 것이죠-, 그 자리도 떠난 무분별심의 자리, 본래 면목의 자리, 그것이 바로 공의 자리입니다. 공하기 때문에 무엇이든 될 수 있는 자리죠. 왜냐? 공간이 텅 비어 있어야 무엇이든 갖다 담을 수 있는 것이죠. 이것이 준제라는 말의 뜻이 되겠습니다.

그래서 이 준제보살은 70억 부처님의 어머니이고, 준제진언을 고요한 마음으로 항상 지송한다면 일체의 재난이 이 사람을 침범할 수 없고, 그 다음에 천상과 인간에서 복을 받는 것이 부처님과 같고, 이 여의주를 만나면 곧바로 결정코 최상의 깨달음을 얻게 되리라는 것입니다. 엄청난 여의주죠. 드디어 이런 여의주를 만났어요. 여의주가 생기면 뜻대로 모든 소원이 이루어진다고 하죠. 그래서 복을 받는 것이 부처와 같다는 것입니다.

우리나라 전래 설화에 '복 받으러 천축국으로 떠난 총각'의 설화가 있습니다. 늦게까지 장가를 못 가고 노총각으로 늙어가던 그런 사람이 있었어요. 이 사람은 나이가 들도록 하도

가난해서, 집안 형편이 어려워서 장가도 못가고 그저 입에 풀칠이나 하면서 근근이 살았는데, 여기저기 수소문을 해서 들어보니까 "부처님한테 가면 부처님이 복을 주신다더라." 이런 애기들을 다들 하는 거예요. '아, 그렇다면 내가 직접 천축국-지금의 인도죠-으로 가서 부처님을 만나 뵙고 복을 직접 받아와야 되겠다.' 이렇게 굳게 결심을 하고 채비를 해서 길을 떠납니다.

그리고 한참을 갔는데, 하루는 저녁이 어둑해져서 '어디 잘 자리가 없을까?' 하고 찾다가 외따로 있는 커다란 기와집을 발견했어요. 기와집에 가서 문을 두드렸죠. 한참을 두드리니까 나중에서야 웬 아리따운 여인이 나오는 거예요. 그래서 자초지종을 설명하고 "하룻밤 좀 쉬어갈 수 없겠습니까?" 했더니 처음엔 난처한 기색을 보이다가 결국은 쉬어가도록 허락을 했습니다. 그 집에서 쉬고 다음날 길을 떠날 채비를 하는데 그 여인이 여러 가지로, 주먹밥이라든가 여행물품 이런 것을 챙겨주면서 말하였습니다.

"어젯밤에 듣자 하니 천축국으로 부처님을 만나러 가신다고 하셨죠?"

"네 그렇습니다만."

"그렇다면 부처님을 만나는 길에 저의 문제가 하나 있는데 그걸 좀 여쭤봐 주실 수 없겠습니까? 제가 여비를 넉넉히 드리겠습니다."

"무슨 부탁입니까?"

했더니 여인이 하는 말이

"제가 지금 청상과부가 되어서 홀로 큰 집을 지키면서 산지가 제법 되었는데 앞으로 도대체 어떻게 살아야 할지 막막합니다. 부처님을 만나뵙고 제 앞날에 대해서 좀 여쭤봐 주십시오."

"좋습니다."

이렇게 부탁을 받고 떠납니다.

한참을 가다가 보니까 길가에 웬 동자들 셋이서 흙장난을 하는 게 보여요. 가까이 가서 보니까 동자들이 커다란 보배구슬을 저마다 하나씩 가지고 있는 겁니다. 그것을 땅 속에 파묻고 물을 주면서 자꾸 "자라라 자라라." 이러고 있는 거예요. "뭐하는 거냐?"고 물어봤더니, "이 보배 구슬에서 얼른 싹이 나오고 줄기와 가지가 나와서 하늘 쪽으로 뻗어야 우리들이 그것을 타고 승천을 할 수가 있는데 싹이 트질 않아서 고생을 하고 있다." 이럽니다. 그리고 이 총각이 천축국으로 부처님을 만나러 간다는 얘기를 듣고 부탁합니다. "부처님께 여쭤봐 달라. 어떻게 하면 싹을 피우고 줄기를 나오게 할 수 있는지." "알았다." 대답하고 길을 떠납니다.

천축국에 거의 다 왔다고 생각했는데 커다란 강이 놓여 있는 거예요. 근처에 배도 없고 건너긴 건너야겠는데 어떻게 건너야 할지 참 한심해서, 천신만고 끝에 거의 다 왔는데 못 만나니까 푸념을 하고 한탄을 하고 울고 있으려니까, 갑자기 강 속에서 커다란 이무기가 나타났습니다. 그리고 이무기가 물었어요. "왜 그렇게 울고 있느냐?", "여차저차해서 내가 이러고 있습니다."

"좋다. 내가 너를 건네주겠다. 그 대신 한 가지 조건이 있다."

"무슨 조건입니까?"

"내가 지금 용으로서 승천할 날이 훨씬 지났는데, 천 년이 지났는데 아직도 내가 승천을 못하고 이무기로서 지내고 있다. 어떻게 하면 승천을 할 수 있는지 좀 여쭤봐 달라."

"좋습니다."

이렇게 부탁을 받고 건너갑니다.

그래서 천신만고 끝에 부처님을 직접 뵙게 됩니다. 직접 뵙고 부처님께 "세상 사람들이 모두 부처님한테 복을 빌면 복을 받을 수 있다고 하는데 저도 복을 받으러 왔습니다." 하고 말씀을 드렸죠. 그랬더니 웬걸, 부처님께서는 "복은 주고 받을 수 있는 게 아니다. 나도 복을 줄 수는 없다." 이러시는 거예요. "아니, 그럼 세상 사람들이 하는 말은 뭡니까?" "그건 모르겠다. 나도 내가 복을 준다는 말은 안 했는데, 자기네들이 하는 말이지." 완전히 낙심천만이죠. 아무리 붙들고 사정을 해도 물건처럼, 복이라는 것이 형체가 있어서 물건처럼 주고받을 수 있는 그런 게 아니라는 말씀뿐이었어요. 그래서 낙담하고 실망해서 돌아가려던 차에 아, 부탁받았던 것들이 생각났어요. 다른 사람들의 부탁들이…. 그래서 그걸 말씀을 드리게 됩니다.

"그렇다면 제 복은 그만두고 오다가 부탁받은 거나 좀 여쭤봐도 되겠습니까?"

"그럼 한 번 얘기해봐라."

"이무기가 승천을 못하고 있는데 그건 어떻게 된 겁니까? 어떻게 해야 승천하겠습니까?"

하고 여쭸더니

"아, 그런 거라면 얼마든지 가르쳐줄 수 있지. 그 이무기라는 놈이 하도 욕심이 많아서 여의주를 두 개나 물고 있다. 그러니까 하나를 뱉어내고 하나만 물고 있으면 승천할 수 있다고 전하거라."

"아, 그렇습니까. 그 다음에 동자들이 나무를 키워서 승천을 해야 하는데 못하고 있답니다."

"그것은 각각 서로 자기 꿈만 피우려고 각각 따로따로 보배 구슬을 놓고 물을 줘서 그렇다. 보배 구슬은 두 개를 합쳐놓고 물을 줘야 꽃이 피는 구슬이다."

"그렇습니까? 그러면 여인은 어떻게 된 겁니까?"

"그 여인은 남편이 죽고 가장 처음 자기 집에 와서 유숙한 남자를 남편으로 삼으면 행복하게 잘 살 거라고 전해주거라."

이런 말씀을 합니다.

자기 복은 못 얻었지만 남들의 어려움을 해소시켜줬다는, 문제를 풀어줬다는 기쁜 마음에, 힘을 다시 내서 돌아오게 됩니다. 이무기한테 얘길 해줍니다. "너 여의주 두 개 물고 있다면서? 하나 뱉어라." "아, 그러냐?" 하나를 뱉어놓으니까 정말 승천을 하는 거예요. 여의주가 하나 남았죠. 그게 누구 것이 되겠습니까? "고맙다. 네가 가져라." 총각은 졸지에 여의주가 생겼습니다. 보배 구슬도 마찬가지죠. "두 개를 붙여 놓고 해야 된다더라." 두 개를 붙이니까, 하나가 남아요. 그것도 역시 "우리는 승천하니까 필요 없다. 네가 가져라." 보배 구슬이 생겼습니다. 그 여인도 "가장 먼저 유숙한 이는 당신입니다." "아, 그렇습니까?" 하하하. 으리으리한 기와집에다 아리따운 여인에다가 여의주에다가 보배구슬에다가 이런 것들이 넝쿨채로 밀려들어온 것입니다.

그래서 내가 복 받으려고, 나만 잘 되려고, 그런 마음가짐으로는 복을 받을 수가 없고, 오히려 남의 문제, 남의 어려운 일들, 남을 도와주는 이런 마음—보살심 · 보리심 · 베푸는 마음—, 이런 걸 가졌을 때 진정으로 자기에게 복이 온다고 하는 거죠. 여의주를 얻게 된다고 하는 것이고요. 그리고 궁극적으로는 깨달음을 얻게 된다, 이렇게 볼 수 있는 것입니다.

앞서 준제공덕취 적정심상송 이 말을 보면, "준제주의 공덕의 무더기를 적정한 마음으로 항상 지송하면, 모든 일체의 재난이 이 사람을 침범할 수가 없다."라고 말씀드렸는데, 이 재난이라는 것이 어떻게 이 사람을 침범할 수가 없는가.

우리가 보통 삼재풀이 얘기를 많이 하죠? "삼재가 들었으니까 삼재를 풀어야 한다."라고. 삼재라는 것은 수재, 화재, 풍재를 의미합니다. 수재는 물에 의한 재앙, 화재는 불에 의한 재앙, 풍재는 바람에 의한 재앙입니다. 그러면 삼재의 원인이 과연 어디에 있는가. 수재라는 것은 욕심을 뜻하는 것입니다. 탐심貪心이죠. 화재는 불꽃, 성냄입니다. 진심瞋心이죠. 풍재는 어리석음, 오락가락하는 마음이라고 하는 거죠. 그래서 진정한 삼재풀이는 자기 마음속의 욕심과 성냄과 어리석음이 일어날 때 얼른 천수대다라니 또는 준제진언 이런 것을 외워

자기 마음속의 탐진치 삼독이 쉬게 하는 것입니다. 그렇게 되면 바로 "삼재가 풀어진다"고 하는 것이고, "일체의 모든 재난이 이 사람을 침범할 수 없게 된다"라고 말할 수 있습니다.

정법계진언 옴 남 옴 남 옴 남. 진언은 보통 세 번씩 하죠? 하지만 본래 진언은 세 번씩 하는 게 아니라, 최소한 하루에 천 번씩 백일 동안 해야 진언이 되는 것입니다. 왜냐? 자기 것이 되어야 그것이 진언입니다. 진언이란 "진정한 말이다"는 뜻인데, 하루에 천 번씩 백일 동안 연습하면, 완전히 내 몸과 마음에 사무치게 됩니다. 사무치니까 진언이 되는 것입니다.

"나는 억세게 재수 좋은 사람이다." "나는 억세게 재수 좋은 사람이다." "나는 억세게 재수 좋은 사람이다." 이렇게 하루에 천 번씩 백일 동안 하면 누구나 부자가 된다고 하죠. 왜입니까? 그 말이 내 몸과 마음에 사무치기 때문입니다. 천 번씩 백일을 하는 사이에. 그러다 보면 진짜 스스로에게 신념을 갖게 되고, 신념이 생기면 현실이 신념을 따라온다는 것입니다. 그래서 여러 번을 해야 되는 거지만, 여기서는 최소한의 단위로써 세 번씩 해주는 것입니다.

정법계진언淨法界眞言이라는 것은 법계를 맑히는 진언입니다. 법계라는 것은 진리의 세계—법의 세계—를 얘기하죠.

진리의 세계라는 것은 속계를 떠나서 따로 있는 것이 아니고, 속계에서 한 마음 쉬면 그 자리가 법계가 되는 것입니다. 똑같은 행동을 하더라도 나를 위해서, 내 가족만을 위해서 하는 것은 속계에서 하는 일이고, 일체 중생을 제도하기 위해서, 법륜을 굴리기 위해서 하게 되면 그곳이 바로 법계가 되는 것이죠.

그래서 법계를 맑히는 진언 "옴 남 옴 남 옴 남"합니다. "옴 남"은 범어로 "옴 람"이라고 읽는데, 그것은 "옴, 광명이여" 이런 뜻이 되겠습니다. "람"이라는 것은 광명을 뜻합니다. 즉 "람"은 광명이 두루한 상태, 불의 원소, 이런 것을 상징하며, "모든 번뇌를 태워서 법계를 정화시킨다"는 의미를 가지고 있습니다. 그래서 이것이 정법계진언이 되겠습니다.

호신진언 옴 치림 옴 치림 옴 치림. 본래의 범어로는 "옴 찌림 옴 찌림 옴 찌림"이 되겠습니다. "옴, 깊은 관상이여" 이렇게 번역을 합니다. 관상觀想이라는 것은 관찰하고 상상한다는 말입니다. 깊은 관상의 세계, 깊은 관찰, 이것이야말로 진정한 호신진언護身眞言이라는 것이죠. 몸을 보호하는 진언입니다.

제가 선방에 다닐 때, 특히 해인사 같은 데 살 때는 용맹정진을 합니다. 일주일 동안 잠을 안 자고 계속해서 참선을 하는 거죠. 동안거 때, 하안거 때 7일을 잡아서 정진을 하게 됩니다. 처음에 한 2~3일, 3~4일 정도는 잡념도 좀 많이 떠오르고 몸도 좀 조복이 안 되고 그러는데, 4일째가 되면 거의 잡념도 많이 수그러들고 몸도 조복이 많이 됩니다. 그래서 참선을 오래 하면서 몸이 조복이 되면 나중에는, 화두삼매에 빠지게 되면 몸이 전혀 안 느껴집니다.

초보 때에는 10분만 앉아 있어도 무릎이 아프고 발목이 아프고 허리가 막 꼬이고 이렇게 되지만, 이것도 자꾸 꾸준히 연습을 해서 특히 철야정진 용맹정진 이런 식으로 꾸준히 하다 보면 나중에는 몸이 사라집니다. 몸이 안 느껴집니다. 그래서 한참을 앉아 있다가 문득 쳐다보면 몸이 있기는 있습니다. '아, 있기는 있구나.' 그런데 전혀 느껴지지 않는, 그러면서도 정신은 깨어 있는 그런 상태, 이런 것들이야말로 진짜 참다운 호신이죠. 몸이 없어지는 것보다 더 좋은 호신은 없는 거죠. 왜냐? 몸이 없어지는데…, 몸뚱이착—몸뚱이에 대한 애착—이 쉬는 것, 이것이야말로 진정한 호신이죠. 이렇게 해서 몸이 사라지고 분별심이 사라지면 본마음이 오롯하게 드러나게 되는 것입니다.

관세음보살 본심미묘 육자대명왕진언觀世音菩薩 本心微妙 六字大明王眞言, 관세음보살의 본심인 미묘한 여섯 글자로 된 대명왕진언입니다. 아주 밝고 밝아서 밝음의 왕, 큰 밝음의 왕인 진언입니다. 그래서 대명왕진언이죠. 이거야말로 빛의 세계를 서술하는 게 되겠습니다. 본마음 자리, 본심 자리를 서술하는 게 되겠고, "옴마니반메훔" 이렇게 여섯 글자로 이루어져 있습니다.

"옴 마니 반메 훔." 본래 음은 "옴 마니 빠드메 훔"입니다. "옴"이라고 하는 것은 모든 진언의 앞에 놓이는 감탄사라고 했죠. 법·보·화 삼신불을 다 아우르는, 우주의 탄생과 유지와 파괴를 모두 아우르는 우주적인 진동어, 우주의 아우라, 이것이 바로 "옴"입니다. "옴" 한 마디 속에 모든 것이 들어 있다고 하죠. "마니"라는 것은 마니주, 보석을 뜻합니다. "빠드메"는 연꽃을 뜻하죠. "훔"이라는 것은 주문의 맨 뒤에 나오는 접미사입니다. 그래서 "옴 마니 반메 훔"은 그대로 직역하자면 "옴, 연꽃 위의 보석이여! 훔" 이런 뜻이 되겠습니다. 여기서 연꽃은 지혜를 뜻하고 보석은 자비를 뜻합니다. 그래서 "옴 마니 반메 훔" 속에 불보살님의 지혜와 자비가 함께 깃들어 있는 소식을 전해주고 있습니다.

그런데 티벳 경전에는 이 진언과 관련해서 이런 내용이

기록되어 있습니다.

"대자대비한 성관음은 옴마니반메훔의 여섯 자에 의해 육도에 있는 생사의 문을 닫는다. '옴'은 천-천상-, '마'는 아수라, '니'는 인간, '반'은 축생, '메'는 아귀, '훔'은 지옥의 문을 닫느니라. 이 여섯 글자가 육도를 완전히 비게 할 것이니 마땅히 반복하여 염하고 지닐지니라."

이렇게 나와 있습니다. "이 옴마니반메훔 여섯 글자가 육도의 윤회의 문을 닫는 위대한 글자다." 멋진 표현이죠. 그래서 육도의 문을 닫으면 거기에 본마음이 오롯하게 드러나게 되는 거죠, 자연스럽게. 육도의 문이 닫히면 그 자리가 그대로 본마음 자리인 것입니다. 본마음 참나, 법계라고 하는 것이죠. 본마음 자리가 육도윤회를 떠나서 따로 있는 것이 아니라 그대로 그 자리가 본마음 자리인 것입니다.

마치 파도가 쉬면 그대로 바다인 것과 마찬가지죠. 바다와 파도, 서로 다른 것 같지만 바다를 떠나서 파도가 없고 파도를 떠나서 바다가 따로 없는 것과 마찬가집니다. 육도윤회라는 것은 바로 파도와 같은 것입니다. 파도가 쉬면 그대로 평평한 바다, 본마음 참나 자리, 본래 면목의 소식, 법계 소식, 이것을 뜻하는 것입니다. "옴마니반메훔", 특히 티베트 불교에서는 굉장히 잘 외우고, 만들어서 돌리기도 하고, 여기저기 써 붙여서 읽기도 하고…, 진언 중의 최상의 진언으로써 신봉을 하는 진언입니다.

준제진언 나무 사다남 삼약 삼못다 구치남 다냐타 옴 자례주례 준제 사바하 부림. 준제진언准提眞言이라는 것은 대준제보살에 관한 진언입니다. 이 내용은 "70억의 올바로 원만히 깨달은 부처님들께 귀의합니다.", 이런 소리입니다. "나무사다남 삼약 삼못다 구치남 다냐타"라는 말이 바로 70억 부처님들께 귀의한다는 내용이고, 그 다음에는 70억 부처님의 어머니이신 준제보살에게 귀의하는, 찬탄하는 그런 내용입니다.

준제진언의 범어 역은 이렇습니다. "나무 사다남 삼약 삼못다 구치남 다냐타 옴 자례주례 준제 사바하 부림", 이것은 우리 식으로 읽은 것이고, "나마 쌉다남 싸미약 쌈붓다 꼬띠남 따디 야따 옴 짤레 쫄레 쭌디 쓰와하 부림", 이것이 범어 음이 되겠습니다. "70억의 올바로 원만히 깨달은 부처님들께 귀의하옵니다. 옴 준제보살이시여, 광대하게 운행하소서. 일어서소서. 쓰와하" 이런 뜻이 되겠습니다.

이 준제진언은 모든 재앙을 소멸해서 부처님의 깨달음을 신속하게 얻는 힘을 갖추고 있다고 합니다. 70억의 올바로 원만히 깨달은 부처님들께 귀의하는 내용, 그래서 준제보살님께 "광대하게 운행하소서. 일어서소서. 쓰와하. 70억 부처님을 원만하게 깨닫게 만드신 것처럼 그렇게 운행하시고 일어서셔서 저희들도 이렇게 깨달음을 얻어지이다." 하고 찬탄하고 또 기원하는 그런 내용이라고 말할 수 있습니다.

4) 발원

지금까지 다라니 뒷부분 중에서 첫 번째인 참회와 두 번째인 준제진언에 관한 부분을 했고 마지막으로 대원을, 커다란 서원을 발하는 마무리 단계가 되겠습니다.

아금지송대준제 즉발보리광대원
원아정혜속원명 원아공덕개성취
원아승복변장엄 원공중생성불도
여래십대발원문
원아영리삼악도 원아속단탐진치
원아상문불법승 원아근수계정혜
원아항수제불학 원아불퇴보리심
원아결정생안양 원아속견아미타
원아분신변진찰 원아광도제중생

발사홍서원
중생무변서원도 번뇌무진서원단
법문무량서원학 불도무상서원성
자성중생서원도 자성번뇌서원단
자성법문서원학 자성불도서원성
발원이 귀명례삼보
나무상주시방불 나무상주시방법 나무상주시방승
나무상주시방불 나무상주시방법 나무상주시방승
나무상주시방불 나무상주시방법 나무상주시방승

이렇게 천수경의 맨 끝부분이 되겠습니다. 천수경의 맨 끝부분은 원을 발하는 내용들로 이루어져 있습니다. 참회와 준제진언을 통해서 여의주를 얻었습니다. 모든 업장을 참회했고, 그 다음에 우차여의주—준제진언 같은 여의주—, 옴마니반메훔 같은 대명왕진언, 이런 것들을 얻었기 때문에 이제부터는 광대한 원을 세워야 된다, 이런 뜻이 되겠습니다.

아금지송대준제我今持誦大准提 **즉발보리광대원**卽發菩提廣大願, "제가 이제 대준제진언을 지송하오니—지니고 암송하오니—, 곧 발하여지이다, 보리의 광대한 원을." "깨달음의 광대한 원을 발하겠습니다"에서 발한다는 것은 "일으킨다"는 소리가 되겠습니다. 발동, 시발지 이럴 때 쓰이죠. 발원이라는 것은 엄청나게 위대한 힘을 가지고 있습니다. 발원, 원을 세우면 원력이 생긴다고 합니다. 스스로에게 인생의 목표가 서고 불보살님의 가피를 흠뻑 받기 때문에, 그것이 바로 원력이 생기는 것이죠.

제가 젊은이들을 대상으로 불교에 대해서 강연을 한 적이 있었는데, 강연이 끝나고 질문을 하라고 했습니다. 그때 그 중의 한 남자 대학생이 질문을 합니다. "불교에서는 '욕심을 없애라. 마음을 비워라.' 이런 말을 자주 하는데, 욕심을 없애면 사람이 어떻게 삽니까? 우리가 욕심으로 살아나가는 것 아닙니까? 또 욕심이 있어서 열심히 사는 거 아닙니까?" 이런 질문을 하더라고요. 그래서 제가 말씀을 드렸죠. "'욕심을 없애라. 마음을 비워라.' 이런 것은 소승불교에서 하는 소리다. 대승의 경우 그렇게 얘기 안 한다. 뭐라고 하느냐? '큰 욕심을 내라.' 이렇게 얘기한다."

"욕심을 없애라. 비워라." 해봐야 비워지고 없애지는 게 아닙니다. 진짜 산 속에 혼자 들어가서 죽어라고 공부만 하는 사람이면 혹시 가능할지 모르지만… 더군다나 세간에 살면서 얼마나 우리가 경쟁사회를 살고 있습니까?—공부를 비롯해서 직장에서도— 경쟁사회에서 살면서 "욕심을 없애라. 마음을 비워라." 하면 맨날 "말은 좋지, 그렇지만 나는 아니야." 이렇게 되어버리는 겁니다. 그것이 바로 현실과 이상이 괴리가 된다고 하는 것이죠. 그래서 대승불교에서는 그런 표현보다도 "큰 욕심을 내라"고 합니다. 바로 이 큰 욕심을 발원이라고 하는 것입니다. 발원을 세우게 되면 열심히 살되 애착하지 않는 그런 도리를 터득하게 됩니다. 발원을 세워서 살다가 보면 그렇습니다.

그러면 욕심과 발원은 어떻게 차이가 있는가? 먼저 욕심은 나에 초점이 맞추어져 있습니다. 내 가족, 그것도 결국은 나죠. 내 자식이 잘 되는 것, 그것도 결국은 나죠. 그래서 욕심은 모든 것들이 나, 내 가족 잘 먹고 잘 사는 데 초점이 맞춰져 있는 것이고, 발원은 우리, 나를 포함한, 내 가족을 포함한 우리 모두에게 초점이 맞춰져 있습니다. 윈윈전략이라고 있죠? "상생, 서로 잘 살자. 나만 잘 먹고 잘 살면 뭐 하냐, 우리 함께 더불어 잘 살자." 이런 게 바로 발원입니다.

그 다음 두 번째로, 욕심은 본능적인 것이지만 발원은 능동적이라고 하는 것입니다. 욕심은 안 가르쳐 줘도 다 낼 줄 압니다. 굳이 학습할 필요가 없습니다. 누구나 오욕 칠정에 너무나 익숙하죠. 누가 "욕심을 내라, 내라." 해서 내는 사람은 하나도 없습니다. 가만히 놔둬도 알아서 잘 냅니다. 그러나 발원은 능동적으로, 일부러, 짐짓 일으켜 세워야 되는 것입니다. 욕심만 가지고 본능적으로 사는 생이 업생業生이고, 발원을 세워서 능동적으로 사는 삶이 원생願生입니다. 그래서 대승보살은 "원생을 살아라"라고 합니다. 원을 세워서 원에 입각한 삶을 사는 것이죠. 업에 입각한 삶을 사는 것은 본능입니다.

그래서 보통 불교에서는 "그 사람이 얼마나 마음공부가 되었느냐" 하는 것을 다시 태어나지 않는 것으로 기준을 삼습니다. 마음공부가 많이 된 사람일수록 숙제를 다 마쳤기 때문에 더 이상 무위無爲, 할 일이 없어—할 일을 다 마친 사람을 아라한이라고 하죠—, 그래서 더 이상 불생不生, 태어나지 않는 거죠.

공부가 아직 덜 돼서 아직도 "죽었다 태어났다", "죽었다 태어났다"의 왔다갔다를 일곱 번 해야 되는 사람—칠왕래—, 이것이 바로 수다원과라고 하는 것입니다. '수다' 떨 일이 많이 남았기 때문에 일곱 번을 더 갔다왔다 해야 됩니다. 그 다음에 좀더 공부가 되면 사다함과라고 합니다. 사다함은 일왕래입니다. 한 번만 저 세상에 갔다가 이 세상에 오면 된다는 것이죠. "살다 오면 된다", 그래서 사다함입니다. 그 다음 단계는 아나함입니다. "가서 안 온다"고 해서 아나함입니다. 하하. 불환不還—돌아오지 않는다—, 한 번만 저 세상에 가면 된다는 것입니다.

아라한은 무엇인가? "다 알아버렸기 때문에 더 이상 공부할 게 없다—숙제 검사 끝—", 이게 바로 아라한과입니다. 금생으로써 끝이 나고 더 이상 태어남을 받지 않는 무학無學, 무위의 경지에 이른 것입니다.

그렇다면 보살은 몇 번이나 태어나는가? 보살은 수없이 태어납니다. 저 세상에 갔다, 이 세상에 왔다, "갔다 왔다"를 수없이 반복합니다. 왜냐? 숙제가 덜 돼서 반복하는 게 아니라 남들 숙제하는 것 도와주려고, 자기 숙제는 마쳤지만 남들 공부하는 것 도와주기 위해서 태어나는 것입니다. 이 경지는 다시 태어나지 않을 수 있지만 일부러 마음 내서 태어나는 것입니다. 보살이야말로 진정한 '학습도우미'라고 말할 수 있지요. 그래서 보살도의 경지를 아주 수승하게 여기는 것입니다.

우리나라는 대승불교 국가입니다. 대승불교 국가에 사는 대승불교도가 되기 위해서는 보살이 되어야 하고, 보살이 되기 위해서는 발원을 세워야 됩니다. 여기 나오는 수많은 발원들이 있습니다. 이중에서 본인에게 적합한 것을 잡아서 마음으로 연습하고 몸으로 연습하고 이렇게 하면 되겠죠.

그리고 세 번째는—지금 욕심과 발원의 차이를 말씀드리고 있습니다—, 욕심은 결과를 중시하지만 발원은 과정을 즐긴다는 것입니다. 과정, 바로 지금 여기에서 그저 한 발자국 한 발자국씩 나아가는 그 자체를 즐길 줄 알아야 그것이 보살입니다. 왜냐? 보살은 수없이, 중생이 다 사라질 때까지 태어나야 되는데, 결과만 놓고 보자면 너무 지루하죠. 그리고 '언제 이 중생계가 다 빌까?' 하고, 자칫하면 퇴굴심이 일어나게 됩니다. 그래서 보살은 원력을 세워서 한 발자국씩 한 발자국씩 바로 지금 여기서 조금씩 조금씩 실천해 나가는 것, 그 자체를 즐겨야 합니다. 이렇게 "과정을 즐길 줄 아는 사람, 이 사람이야말로 참다운 보살이다."고 할 수 있습니다. 반면 욕심은 결과만 소중히 여기는 것입니다.

이렇게 욕심과 발원의 차이는 크게 세 가지로 말할 수 있습니다. "욕심은 무조건 나 중심적이지만 발원은 우리, 더불어 사는 삶을 중시여기며, 욕심은 본능적인 것이지만 발원은 능동적인 것이다. 욕심은 결과를 따지지만 발원은 과정을 중시한다." 이런 내용을 말씀드렸습니다.

발원의 위력에 대해서, 그 다음에 이렇게 설명을 하고 있습니다.

원아정혜속원명願我定慧速圓明 **원아공덕개성취**願我功德皆成就
원아승복변장엄願我勝福遍莊嚴 **원공중생성불도**願共衆生成佛道

원아정혜속원명, "원컨대 제가 정과 혜, 선정과 지혜를 속히 원만하게 밝혀지이다." 원아공덕개성취, "원컨대 제가 공덕을 모두 성취하여지이다." 원아승복변장엄, "원컨대 제가 뛰어난 복을 두루 장엄하여지이다." 원공중생성불도, "원컨대 중생들이 함께 불도를 이루어지이다."

보살도의 마음가짐은 바로 원공중생성불도입니다. 자타일시성불도—나와 남이 함께 불도를 이루어지이다—, 이런 마음가짐이겠죠. "내가 어떻게, 나만, 나 먼저 깨닫고 그 다음에 내가 중생들을 제도하겠다." 이런 마음을 가지면 빨리 깨닫기가 어렵다고 하는 것이죠. 왜냐? 그 마음가짐에는 벌써 나라는 생각, 남이라는 생각, 깨달음을 준다는 생각, 받는다는 생각, 네 가지가 벌써 다 깃들어져 있는 것입니다. 그게 아상, 인상, 중생상, 수자상입니다. 그런 사상을 바탕으로 해서 하는 공부는 진도가 나갈 수 없습니다. 그저 "일체 중생이 모두 다 함께 깨달아지이다", 이런 마음가짐으로 어디를 가나, 언제나, 어디서나 이런 발원을 하고 다니다 보면 자기가 먼저 깨닫게 되는 도리가 바로 "심심미묘 대승법문"이라고 하는 것이죠.

'내 발등에 상처가 났는데 내가 얼른 이 발등의 상처를 치유하고 그 다음에 아픈 사람들을 간호해야지.' 이치적으로 보면 맞는 말 같지만, 발등에 상처가 나서 아픈데, 화상이 나서 아픈데도 불구하고 '이 세상에는 이보다 더한 육체적 고통,

그보다 더한 정신적 고통을 겪는 사람들이 많겠지. 내가 그런 사람들을 위해서 살아야 되겠다.', 이런 마음을 먹는 순간 자신의 고통이 씻은 듯이 사라진다고 하는 것입니다.

왜 그럴까요? 마음의 초점은 한 군데밖에 맞출 수가 없습니다. 자기 고통에 마음이 가 있으면 벌써 그 속에 있는 것입니다. 다른 사람들의 고통, 보살의 마음가짐을 갖게 되면 벌써 초점이 다른 곳으로 가기 때문에 자기의 고통에 대해서는 초점이 무디어진다고 하는 것이죠. 저절로 병이 낫게 되는 그런 도리가 여기에 있는 것입니다.

여래십대발원문如來十大發願文, 여기서는 여래십대발원문이라고 표현을 했지만 이것은 역대 부처님들께서 수행 당시에 세웠던 원이라고 말할 수 있습니다.

원아영리삼악도願我永離三惡道, "원컨대 제가 길이 삼악도를 여의어지이다." 삼악도는 지옥, 아귀, 축생을 의미합니다.

원아속단탐진치願我速斷貪瞋癡, "원컨대 제가 속히 끊어지이다, 탐진치를." 바로 이 탐진치야말로 삼악도에 떨어지는 결정적인 근본 원인이 되는 것입니다. 탐진치가 인因이 되어서 지옥, 아귀, 축생이라는 과果가 나오는 것입니다. 탐욕이 지나치다 보면 아귀도에 떨어지는 것이고, 성냄이 지나치다 보면 지옥에 떨어지는 것이고, 어리석음이 지나치다 보면 축생도에 떨어지는 것이죠. 마음으로 연습한 것들이 결과로서 생겨난다고 하는 것입니다. 즉 탐진치가 인이 되어서 지옥, 아귀, 축생이라는 연을 만나게 되는 것입니다.

이 탐진치라는 것은 에너지와 비교할 수 있습니다. 탐은 모든 것을 내 것으로 끌어당기는 에너지, 진은 내 맘에 안 드는 것을 밀쳐내는, 거부하는 에너지, 치는 에너지가 결핍, 즉 깜빡깜빡하는 것—에너지는 여기서 지혜의 빛을 얘기합니다—입니다.

불교에서 사람들을 나눌 때, 크게 세 가지로 나눕니다. 탐·진·치 해서 탐행자貪行者·진행자瞋行者·치행자癡行者입니다. 유난히 욕심이 많은 사람—탐행자—, 유난히 화를 잘 내는 사람—진행자—, 유난히 뜨문뜨문한 사람—치행자—, 이렇게 세 가지가 되겠습니다. 그런데 이렇게 욕심이 많고 성질을 잘 내고 뜨문뜨문하고 이런 것들을, 그 에너지를 전환하면 그것이 오히려 자기수행에 밑거름이 될 수 있는 것입니다.

"걸림돌이 디딤돌이다. 단점이 장점이다." 이게 바로 대승불교의 수행 방식이죠. 탐행자가 마음을 돌이키면 신행자信行者

가 됩니다. 신심이 강한 사람이죠. 진행자, 화를 잘 내는 사람이 마음을 돌이키면 각행자覺行者가 됩니다. 깨달음을 빨리빨리 얻어가는 사람이죠. 치행자, 뜨문뜨문한 사람이 마음을 돌이키면 심행자尋行者, 꾸준히 찾아나가는 사람이 됩니다. 이게 바로 "걸림돌이 디딤돌이다"는 것입니다. 자기가 생각하는 '아, 나는 이런 단점이 있어', 이렇게 단점에 좌절하지 말고 그것을 오히려 장점으로 승화시키는 비결이 바로 마음먹기에 달려 있는 것입니다.

어떻게 이게 가능한가? 욕심이 많은 사람은 큰 욕심을 내면 되는 것입니다. 앞서 말한 그런 욕심들, 즉 내가 불법을 깨닫고자 하는 욕심, 또는 기도를 해서 부처님의 가피를 체험하고자 하는 욕심, 경전을 통해서 그 경전의 요지를 파악하고자 하는 욕심, 이런 식으로 해서 큰 욕심을 내면 이 사람이 신심이 강한 사람이 되는 것입니다. 불보살님의 가피를 빨리 받을 수 있습니다.

그 다음에 진행자—성질을 잘 내는 사람—는, 판단력이 뛰어난 사람들이 보통 성질을 잘 내죠. 남의 허물을 금방 읽어냅니다. '탁탁탁탁' 순간적으로 금방 상황판단을 해서 "너는 이렇게 해야 되는데 왜 이렇게 이렇게 하느냐?" 하고 성질을 내죠. 머리 나쁜 사람은 성질도 잘 못 냅니다. 왜냐? 순간적으로 파악이 잘 안 되니까. 저녁 때 집에 가서야 성질이 나죠. 아니면 하룻밤 자고 일어나 그 다음날이 되어서야, 허허허, '어제 내가 성질을 냈어야 되는데' 하고 늦게 말이죠. 남의 허물을 잘 보는 사람이 성질을 잘 내는 것입니다. 그러나 남의 허물을 보는 그 시선을 돌이켜서 자기의 허물을 보는 쪽으로 돌이키면, 이 사람이야말로 빨리빨리 깨달음을 얻는 각행자가 된다고 하는 것입니다.

또 뜨문뜨문하다는 사람, 이런 분들은 사실은 뜨문뜨문한 게 장점이 될 수도 있다는 것입니다. 그게 무엇인가? '심우도' 할 때 심尋자, 뚜벅뚜벅 천리 길도 한 걸음부터, 이런 사람들은 꾸준하다는 장점이 있습니다. 무엇을 하나 해도 금방금방 안 와 닿으니까 꾸준히 해 나갑니다.

저도 선방에 몇 년 다니면서 보게 됩니다. 욕심이 많은 분들, 선방 몇 년 다니다 보면 하고 싶은 일이 많아서 오래 못 다니는 경우가 많고, 또 남의 허물 잘 보는 분들, 이런 분들은 자꾸 대중들하고 부딪칩니다. 자꾸 남에게 시비를 걸고 허물을 보니까, 대중들과 부딪치다 보니까 결국 스스로도 피곤하고, 그래서 결국은 대중생활을 못하고 어디 토굴 속에 들어가서 혼자 살거나, 소식이 끊어지거나 이런 분들이 많습니다. 그저 수십 년 동안 수용이 좋든 나쁘든, 공부가 되든 안 되든 꾸준히 나오는 분들-치행자-, 이런 분들이 결국은 심행자가 되어서 인내심으로써 저력을 발휘하고 산을 지킨다고 하는 이것은 완전히 현실입니다.

여러분들은 과연 육성행자六性行者 중에서 어디에 속할까요? 각자 스스로의 마음을 돌이켜보고 자기의 단점을 장점으로 승화시키는 비결을 터득하시기 바랍니다.

원아상문불법승願我常聞佛法僧, "원컨대 제가 항상 들어지이다, 불법승을." 불법승은 삼보죠? 삼보의 가르침, 이런 것들을 끊임없이 듣기를 원합니다. 여기 원아상문불법승만 보더라도 여래십대발원문이라고 제목을 붙여놨지만 여래의 발원문이 아니라 "여래께서 과거에, 인행因行 당시에 세웠던 원이다"는 걸 알 수 있죠.

원아근수계정혜願我勤修戒定慧, "원컨대 제가 부지런히 닦아지이다, 계정혜 삼학을." 그렇습니다. 첫째는 계-계율-를 잘 지켜야 됩니다. 계율 중에서도 근본 계율이 있습니다. 살도음망殺盜婬妄, 이것이 네 가지 가장 기본이 되는 계율이라고 해서 성계性戒라고 합니다. "성품의 계율이다"는 말이죠. 그래서 다른 것은 좀 못 지키더라도 살생·투도·사음·망어,

이것만큼은 허물지 않도록 노력을 해야 되겠습니다. 그렇게 계율을 지키다 보면 마음이 점점 고요해집니다. 생활이 안정이 되죠. 그렇게 안정이 되고 고요해지다 보면 지혜가 솟아납니다. 그것이 바로 계정혜 삼학의 이치입니다.

원아항수제불학願我恒隨諸佛學, "원컨대 제가 항상 좇아지이다, 모든 부처님의 가르침을." **원아불퇴보리심**願我不退菩提心, "원컨대 제가 불퇴-후퇴-하지 말아지이다, 보리심을." 보리심을 가지고 사는 하루가 보리심 없이 사는 백 년보다 더 소중하다고 하는 것이죠.

저도 살아오면서 그걸 경험했습니다. 그래서 '하루를 살아도 보리심, 깨달음을 추구하는 하루가 소중한 것이지 10년, 20년, 100년, 아무리 오래 살아봐야 말짱 소용없는 거구나. 이것은 그냥 업생일 뿐인 거야.' 그걸 터득했죠. 그래놓고 나니까 공부가 저절로 되더라고요. "하루를 살아도 진리를 추구하는 삶이 더 소중하다." 그냥 아무 것도, 어디서 왔는지도 모르고, 어디로 가는지도 모르고, 그냥 부귀영화 좇아서 잘 먹고 잘 살고, 이렇게 살려고 노력하는 삶, 100년이 되어도 아무 소용이 없습니다. 뭔가 "보리심, 발보리심, 내가 깨달음을 얻어야 된다, 잠에서 깨어나야 된다."는 것이죠.

좋은 꿈 꾸려고 아무리 노력해봐야 다 꿈속의 일이고, 잠에서 깨어나는 것, 이것이 바로 보리심입니다. "잠에서 깨어나려고 노력하는 하루가 좋은 꿈 꾸려고 노력하는 100년보다 소중하다." 이런 마음이 바로 보리심이고, 그런 마음을 절실히 먹게 되면 공부하지 말라고 해도 저절로 됩니다.

지금 제 주변에도, 제가 있는 쌍계사 국사암에도 가끔 여러 분들이 찾아와서 "공부가 되네 안 되네, 화두가 잡히네 안 잡히네, 기도가 되네 안 되네." 하시는데, 이게 모두 보리심이 없어서 그렇습니다. 절실한, 정말 하루를 살아도 내가 "보리심, 깨달음을 구하는 마음이 소중하구나." 이런 마음이 있으면 공부가 저절로 되고, 가다가 막혀도 불보살님께서 화현해주셔서 가르침을 주십니다.

"선지식이 있네 없네" 이런 분들도 많습니다. 선지식이 왜 없습니까? 많죠. 자기 마음이 안 열려 있으니까 바로 옆에 선지식이 있어도 안 보입니다. 아무리 얘기해줘도 딴 짓거리하고 안 받아들이는 데는 방도가 없습니다. 그래놓고서 계정혜 삼학을 모두 갖춘 선지식을 찾습니다. 어떤 스님은 뭐는 잘 하지만 뭐가 문제고, 누구누구는 뭐는 잘 하지만 뭐는 문제고, 이렇게 자꾸 문제점만 보니까 이 세상에 나 가르쳐줄 사람이 아무도 없는 거예요. 그렇게 하면 안 됩니다. 누구나

다 어떤 장단점을 갖추고 있는데, 장점을 보고 그 사람의 장점만 내가 취해서 배우면 되는 것이지, 단점을 보고 장점마저 무시해버리고 이러면 이 세상에 나를 가르쳐줄 사람이 어디 있습니까? 그런 마음가짐을 가지고 있으면 절대 발전할 수가 없는 것입니다.

유치원생 아이들한테는 유치원 교사가 최고의 선지식입니다. 유치원 아이들을 가르치라고 대학원에서 박사학위를 받은 70, 80대 노교수를 데려다 놓으면 과연 유치원 아이들을 잘 가르칠까요? 선지식을, 모든 것을 갖춘 이런 완벽한 선지식을 찾아서는 안 되고, "바로 지금 여기서 나에게 부족한 부분, 나에게 필요한 부분, 이것을 채워주면 그분이 바로 지금 나의 선지식이다." 이런 마음을 가지면 사방이 선지식입니다. 그런데 그러지는 않고 '뭐도 갖춰야 되고, 뭐도 갖춰야 되고' 하니까, 석가모니 부처님께서나 나타나면 선지식이 될까 다른 사람들이야 어디 되겠습니까?

원아결정생안양願我決定生安養 **원아속견아미타**願我速見阿彌陀, 원컨대 제가 결정코 안양국에 태어나지이다. 안양국은 바로 극락국을 얘기합니다. "서방정토 극락세계에 태어나고, 원컨대 제가 속히 아미타부처님을 만나보아지이다." 이게 바로 원아결정생안양 원아속견아미타입니다.

불교에도 극락국에 태어나는 가르침이 있습니다. 그러나 불교에서 극락국에 가는 것은 중간 목표입니다. 극락국에 가는 게 최종 목표가 아닌 것이죠. 다른 종교에서는 천상에 태어나서 천당에서 신의 종으로써 계속 사는 것, 이것이 최종 목표입니다. 그러나 불교에서는 극락을 말하지만—극락은 천당 중의 천당입니다. 온갖 천당의 장점만 뽑아서 만든 천당, 그것이 바로 극락이라는 거죠. 극도의 낙원입니다—, 극락국에 태어나더라도, 거기서 아미타부처님을 만나더라도 내가 아미타부처님의 종으로써, 권속으로써 사는 게 최종 목표는 아닙니다. 거기에 태어나서 아미타부처님과 여러 불보살님들의 설법을 듣고, 또 온갖 낙을 누리면서도 한편으로 끊임없이 공부를 해서 나도 아미타부처님처럼 중생 제도를 하는 것, 이것이 최종 목표가 되는 거죠.

나도 부처님이 되어서, 신들의 스승인 부처님이 되어서 신들을 교화하고 인간을 교화하고…. 부처님의 여래십호 중에 천인사天人師라는 말이 있습니다. "천상의 신과 인간들의 스승이다"는 말입니다. 이것은 부처님을 지칭하는 또 다른 명칭입니다. 여래如來, 이와 같이 오신 분이다, 타타가타라고 하죠? 우리에게 오신 분이라는 거죠. 깨달음을 얻고 혼자서 깨달음을 즐기고 적멸에 드신 것이 아니고 우리에게 오셨습니다.—여래·타타가타— 그 다음에 천인사, 천상과 인간의 스승이다, 그래서 신들도 역시 부처님의 제자라고 하는 것이죠. 그런 의미에서 신들과 우리는 도반관계라고 말할 수 있습니다.

원아분신변진찰願我分身遍塵刹 **원아광도제중생**願我廣度諸衆生, "원컨대 제 분신이 티끌 국토에 두루하여지이다. 원컨대 제가 널리 모든 중생을 제도하여지이다." 바로 이게 최종 목표가 되는 것입니다. 앞의 "원아결정생안양 원아속결아미타"—안양국에 태어나서 아미타부처님을 뵙는다—는 중간 목표이고, 최종 목표는 "나도 아미타부처님처럼 분신이 두루 티끌 국토에 가득히 차 가지고 널리 일체 중생을 제도하여지이다."인 것입니다. 이것이 바로 부처님이 하시는 일입니다. 그래서 "나도 부처님처럼 분신이 국토에 두루 차서 널리 중생을 제도하겠습니다." 하는 이런 원을 세우는 것입니다.

그 다음에 **발사홍서원**發四弘誓願입니다. 사홍서원, 네 가지 큰 서원을 발한다는 말입니다.

중생무변서원도衆生無邊誓願度 **번뇌무진서원단**煩惱無盡誓願斷
법문무량서원학法門無量誓願學 **불도무상서원성**佛道無上誓願成

사홍서원은 귀에 자주 들리는 말이죠? 중생이 무변, 가이없지만 서원컨대 제도하겠습니다. 번뇌가 무진, 다함이 없지만 서원컨대 끊겠습니다. 법문이 무량, 한량이 없지만 서원컨대 배우겠습니다. 불도가 무상, 위가 없지만 서원컨대 이루겠습니다. 이런 말이 되겠습니다.

가이없는 중생들을 모두 제도한다는 것, 다함이 없는 번뇌를 모두 끊는다는 것, 한량이 없는 법문을 모두 배운다는 것, 위가 없는 불도를 모두 이룬다는 것, 이것은 정말 어마어마한 서원이 되겠죠? 대단히 커다란 서원입니다. 그래서 사홍, 네 가지 커다란 서원입니다.

금강경을 보면 이런 내용이 나옵니다. 금강경은 부처님과 수보리존자와의 대화죠. 수보리가 부처님께 여쭙니다.

"부처님, 아뇩다라삼먁삼보리, 무상정등정각, 부처님과 같은 최상의 깨달음을 얻으려면 이 마음을 어떻게 머무르고 어떻게 항복받아야 됩니까?"

이렇게 질문을 하면서 금강경의 내용이 시작됩니다. 거기에 부처님께서 두 가지 말씀을 하십니다.

"좋은 질문을 했다. 기특하다, 기특하다. 수보리야. 최상의 깨달음을 얻으려면 두 가지만 하면 된다."

"첫째, 일체 중생을 제도하리라 하고 마음을 먹어라." 이것입니다. 일체중생, 태난습화—태에서 난 것이나 알에서 난 것이나 습기에서 난 것이나 화신으로 태어난 것— 이 모든 중생, 그게 일체중생이고 모든 생명이 되겠죠. 모든 생명을 고통의 이 언덕에서 평화의 저 언덕, 열반의 저 언덕으로 건네주겠다고 마음먹어라 이겁니다.

일단 마음가짐을 그렇게 먹고 "두 번째, 머무는 바 없이 베풀어라." 바로 그겁니다. 아주 간단합니다. "부처님과 같은 깨달음을 얻으려면 어떻게 합니까?" 물어봤을 때 한 번 여러분들이 생각해봐야 됩니다. 왜 부처님이 "365일 장좌불와, 용맹정진, 일종식一種食 해야 돼." 이런 말씀을 안 하시고, "죽어라고 수행해야 돼." 이런 말씀도 안 하시고, "일체중생을 제도해야겠다고 마음먹어라. 그 다음에 머무르는 바 없이 베풀어라." 이 두 가지만 얘기하셨을까? 그것이 왜 가장 핵심 사항이었을까?

이것이야말로 보살의 수행 방법이라고 하는 것이죠. 보살의 수행 방법은 일단 마음가짐으로, "일체중생을 제도하겠습니다" 이런 마음가짐을 먹어야 된다는 것입니다. 그래서 제가 누누이 강조하는 "법륜을 굴리겠습니다" 이런 마음가짐, 이것이 바로 중생 제도의 마음인 것입니다.

"법륜을 굴리겠습니다" 하는 서원은 한결 부담이 적어요. 왜냐? 내가 굴릴 수 있는 데까지 굴리면 되니까. 그런데 중생

제도의 방법이 바로 법륜을 굴리는 것이죠. 그래서 결국 근본으로는 다 통하는 얘깁니다. 중생무변서원도라－가이없는 중생을 제도한다는 것－, 이것이 바로 보살의 수행 방법이라고 하는 것입니다.

그런데 중생을 제도하기 위해서는 베풀어야 제도가 됩니다. 베풀지 않으면 제도가 안 됩니다. 왜냐? 사람들을 만날 때 어떤 사람이든 만나서 저 사람한테 내가 무엇을 뺏을까, 무엇을 받을까, 무엇을 달라고 할까, 무엇을 구걸할까, 이러다 보면 점점 멀어지게 되죠. 저 사람에게 내가 무엇을 베풀어줄까? 진리의 말씀을 전해줘야지－법시法施－, 아니면 내가 가지고 있는 재물·선물 이런 것을 줘야지－재시財施－, 그것도 아니면 몸으로, 내가 짐을 들어준다든가 밀어준다든가 도와줘야지－신시身施－, 그것도 안 되면 구시口施－입으로 칭찬하는 말, 격려하는 말, 생기를 북돋아주는 말－ 이걸 해야지, 그것도 아니면 의시意施－뜻으로서 좋은 일을 하는 사람들을 함께 기뻐하고 함께 칭찬해주고－, 이렇게 뜻으로서라도 함께 동조해주는 의시 이걸 해야지, 이럴 때 가까워질 수 있는 것입니다.

보시는 크게 다섯 가지로 나눌 수 있습니다. 법시, 재시, 신시, 구시, 의시입니다. 물론 그 외에도 많이 있습니다. 그러나 첫째 중요한 것은 법시입니다. 부처님의 가르침을 나 혼자만 알고 즐기고 이러면 소승불교가 됩니다. 이것을 한 마디라도 남들에게 전하고, 또 내가 직접 전할 수 없으면 책이라도 사서 권해 주고, CD라도 사서 "들어보니까 좋더라. 너도 들어 보아라." 하고 선물해주고, 이게 다 법시에 드는 거죠. 법시를 하다가, 재시도 하다가, 신구의 세 가지로써 보시를 하면 신구의 삼업을, 선업을 닦아나가는 게 되는 것입니다.

자성중생서원도自性衆生誓願度 자성번뇌서원단自性煩惱誓願斷
자성법문서원학自性法門誓願學 자성불도서원성自性佛道誓願成

이것은 앞서 발한 네 가지 커다란 서원을 우리가 실천하는 데 있어서 일단 "자성중생을 제도하고, 자성번뇌를 끊고, 자성의 법문을 배우고, 자성의 불도를 완성시키겠습니다." 하는 얘기가 되겠습니다. 중생을 제도한다고 하면서, 전혀 자기 제도가 안 된 사람이 중생 제도를 하겠다고 나서면 비웃음을 당하죠. 자기 마음속 중생이 원인이 되어서 밖에 결과로 된 중생이 생겨나는 것입니다.

그러면 내 마음속 중생이 무엇입니까? 탐진치 삼독이죠. 탐진치 삼독을 다스려 나가는 것, 이것이 자성중생서원도가 되는 것입니다. 그래서 내 마음의 탐진치 삼독을 닦아주면서 또 그 결과로 된 바깥의 중생을 제도하려고 하는 것이 올바로 된 순서입니다. 내 마음을 안 닦으면서 남편 마음 닦아주려고 하고 아내 마음 닦아주려고 하고 아이들 마음 닦아주려고 한들 닦아지지 않는다는 것이죠. 자기 마음을 닦아가면서, 인因을 고쳐가면서 연緣이 바뀌기를 기다리는 것, 이것이 올바른 순서입니다. 자성번뇌를 끊고, 자기 마음에 한 생각 일어나는 번뇌를 쉬어주면—파도가 쉬면 곧 바다죠— 그것이 바로 자성 자리이고 본마음 자리입니다.

자성법문서원학, 자성은 무한한 가능성을 말합니다. "무한한 가능성, 무엇이든 할 수 있는 가능성, 순수 에너지" 이런 것이죠. "우리는 누구나 다 무한한 가능성을 지니고 있다." 이것이 바로 일체 중생이 불성, 자성을 갖추고 있다는 소리입니다. "부처도 될 수 있는데 무언들 될 수 없으랴." 이것이 무한한 가능성이죠. 내가 가지고 있는 이 무한한 가능성, 순수에너지를 아낌없이, 남김없이 써나갈 줄 아는 것, 그것이 바로 자성법문서원학이라고 하는 것입니다.

자성불도서원성, 이것도 마찬가지입니다. "부처님께서 이 세상에 오신 뜻은 우리를 부처로 만들려고 오신 게 아니라, 우리가 본래 부처라는 것을 확인시켜 주려고 오신 것이다."고 하는 법문이 있습니다. 너무나 멋진 표현이죠. 우리의 평상시의 마음은 항상 무분별심입니다. 그러나 바깥의 또는 자기 마음속의 경계에 부딪쳐서 분별이 일어나고 평상시의 마음이 깨지는 것입니다. "본래의 평상심이 그대로 도다."는 말입니다.

발원이 귀명례삼보發願已 歸命禮三寶, "발원을 마치고 귀명례 삼보, 목숨 바쳐 귀의합니다, 삼보에게." 이런 뜻입니다.

나무상주시방불南無常住十方佛 나무상주시방법南無常住十方法 나무상주시방승南無常住十方僧. 나무라는 것은 "귀의한다, 돌아가 의지한다"는 말이고, 상주는 항상 머무시는, 시방은 동서남북과 그 사이-간방-와 상하-위아래-가 되겠습니다. 그러니까 상주시방불이라는 것은 "아니 계신 곳, 아니 계신 때가 없다." 이런 소리가 됩니다. '불법승 삼보는 시방에 상주하신다. 아니 계신 곳이 없고 아니 계신 때가 없으시다. 바로 지금 내 앞에도 계신다.' 이렇게 생각하면 되는 것입니다. '언제 어디서나 계시기 때문에 바로 지금 내 앞에도 계신다. 우리가 천수경을 읽고 설하고 듣는 바로 이 순간 나와 함께 계신다. 내 앞에서 나를 쳐다보고 계신다. 나에게 빛을 쏘아주고 계신다.' 이렇게 생각하면 되는 것이죠.

이처럼 강설을 할 수 있는 것도 관세음보살님께서 바로 앞에서 빛을, 힘을 주시고 지혜를 주시고 자비를 부어주셔서 할 수 있는 것입니다. 저 혼자의 힘으로 하라면 못했을 것입니다. "지혜와 자비를 쏟아 부어주셨기 때문에 이런 것들이 가능하지 않았나" 그렇게 생각합니다.

불법승 삼보 덕분에 우리가 종노릇을 면하고 대자유인이 될 수 있고, 자기가 자신의 주인임을 깨달을 수가 있고, 자기야말로 무한한 가능성을 가진 존재라는 것을 터득할 수가 있게 되었습니다. 불법승 삼보야말로 정말 영원한 존재로서 영원히 계시고, 영원히 우리에게 자비와 지혜를 베풀어주시는 분이기 때문에 귀의하지 않을래야 않을 수가 없는 것입니다.

부록: 천수경

정구업진언

「수리수리 마하수리 수수리 사바하」(3번)

오방내외안위제신진언

「나무 사만다 못다남 옴 도로도로 지미 사바하」(3번)

개경게

무상심심미묘법 백천만겁난조우

아금문견득수지 원해여래진실의

개법장진언

「옴 아라남 아라다」(3번)

천수천안관자재보살 광대원만무애대비심대다라니 계청

계수관음대비주 원력홍심상호신

천비장엄보호지 천안광명변관조

진실어중선밀어 무위심내기비심
속령만족제희구 영사멸제제죄업
천룡중성동자호 백천삼매돈훈수
수지신시광명당 수지심시신통장
세척진로원제해 초증보리방편문
아금칭송서귀의 소원종심실원만
나무대비관세음 원아속지일체법
나무대비관세음 원아조득지혜안
나무대비관세음 원아속도일체중
나무대비관세음 원아조득선방편
나무대비관세음 원아속승반야선
나무대비관세음 원아조득월고해
나무대비관세음 원아속득계정도
나무대비관세음 원아조등원적산
나무대비관세음 원아속회무위사
나무대비관세음 원아조동법성신
아약향도산 도산자최절
아약향화탕 화탕자고갈
아약향지옥 지옥자소멸
아약향아귀 아귀자포만

아약향수라 악심자조복
아약향축생 자득대지혜
나무관세음보살마하살 나무대세지보살마하살
나무천수보살마하살 나무여의륜보살마하살
나무대륜보살마하살 나무관자재보살마하살
나무정취보살마하살 나무만월보살마하살
나무수월보살마하살 나무군다리보살마하살
나무십일면보살마하살 나무제대보살마하살
「나무본사아미타불」(3번)

신묘장구대다라니

나모라 다나다라 야야 나막 알야 바로기제 새바라야 모지사다 바야 마하사다바야 마하가로 니가야 옴 살바 바예수 다라나 가라야 다사명 나막가리다바 이맘 알야 바로기제 새바라 다바 니라 간타 나막 하리나야 마발다 이사미 살발타 사다남 수반 아예염 살바보다남 바바마라 미수다감 다냐타 옴 아로계 아로 가 마지로가 지가란제 혜혜하례 마하모지 사다바 사마라 사마 라 하리나야 구로구로 갈마 사다야 사다야 도로도로 미연제 마하미연제 다라다라 다린나례 새바라 자라자라 마라 미마라 아마라 몰제 예혜혜 로계 새바라 라아 미사미 나사야 나베사미

사미 나사야 모하자라 미사미 나사야 호로호로 마라호로 하례 바나마나바 사라사라 시리시리 소로소로 못쟈못쟈 모다야 모다야 매다리야 니라간타 가마사 날사남 바라 하라나야 마낙 사바하 싣다야 사바하 마하싣다야 사바하 싣다 유예새바라야 사바하 니라간타야 사바하 바라하 목카싱하 목카야 사바하 바나마 하따야 사바하 자가라 욕다야 사바하 상카섭나네 모다 나야 사바하 마하라 구타다라야 사바하 바마사간타 이사 시체 다 가릿나 이나야 사바하 먀가라잘마 이바 사나야 사바하 「나모라 다나다라 야야 나막알야 바로기제 새바라야 사바하」 (3번)

(사방찬)

일쇄동방결도량 이쇄남방득청량
삼쇄서방구정토 사쇄북방영안강

(도량찬)

도량청정무하예 삼보천룡강차지
아금지송묘진언 원사자비밀가호

(참회게)

아석소조제악업 개유무시탐진치
종신구의지소생 일체아금개참회

(참제업장십이존불)

나무참제업장보승장불 보광왕화염조불

일체향화자재력왕불 백억항하사결정불

진위덕불 금강견강소복괴산불

보광월전묘음존왕불 환희장마니보적불

무진향승왕불 사자월불

환희장엄주왕불 제보당마니승광불

(십악참회)

살생중죄금일참회 투도중죄금일참회

사음중죄금일참회 망어중죄금일참회

기어중죄금일참회 양설중죄금일참회

악구중죄금일참회 탐애중죄금일참회

진에중죄금일참회 치암중죄금일참회

백겁적집죄 일념돈탕제 여화분고초 멸진무유여

죄무자성종심기 심약멸시죄역망

죄망심멸양구공 시즉명위진참회

참회진언

「옴 살바 못자모지 사다야 사바하」 (3번)

준제공덕취 적정심상송
일체제대난 무능침시인
천상급인간 수복여불등
우차여의주 정획무등등
「나무칠구지불모대준제보살」(3번)

정법계진언

「옴 남」(3번)

호신진언

「옴 치림」(3번)

관세음보살 본심미묘 육자대명왕진언

「옴 마니 반메 훔」(3번)

준제진언

나무 사다남 삼먁 삼못다 구치남 다냐타
「옴 자례주례 준제 사바하 부림」(3번)

아금지송대준제 즉발보리광대원

원아정혜속원명 원아공덕개성취

원아승복변장엄 원공중생성불도

여래십대발원문

원아영리삼악도 원아속단탐진치

원아상문불법승 원아근수계정혜

원아항수제불학 원아불퇴보리심

원아결정생안양 원아속견아미타

원아분신변진찰 원아광도제중생

발사홍서원

중생무변서원도 번뇌무진서원단

법문무량서원학 불도무상서원성

자성중생서원도 자성번뇌서원단

자성법문서원학 자성불도서원성

발원이 귀명례삼보

「나무상주시방불 나무상주시방법 나무상주시방승」 (3번)